AF141798

Peter Lösche (Hrsg.)

# Zur Lage des deutschen Regierungs- und Parteiensystems

Wissenschaftliche Abhandlungen und Reden
zur Philosophie, Politik und Geistesgeschichte

Band 27

# Zur Lage des deutschen Regierungs- und Parteiensystems

Vorträge und Symposium
aus Anlaß der Emeritierung von
Prof. Dr. Manfred Friedrich

Herausgegeben von

Peter Lösche

Duncker & Humblot · Berlin

Die Deutsche Bibliothek – CIP-Einheitsaufnahme

**Zur Lage des deutschen Regierungs- und Parteiensystems** : Vorträge und
Symposium aus Anlaß der Emeritierung von Prof. Dr. Manfred Friedrich /
Hrsg.: Peter Lösche. – Berlin : Duncker und Humblot, 2002
(Wissenschaftliche Abhandlungen und Reden zur Philosophie,
Politik und Geistesgeschichte ; Bd. 27)
ISBN 3-428-10876-0

Alle Rechte, auch die des auszugsweisen Nachdrucks, der fotomechanischen
Wiedergabe und der Übersetzung, für sämtliche Beiträge vorbehalten
© 2002 Duncker & Humblot GmbH, Berlin
Fremddatenübernahme und Druck:
Berliner Buchdruckerei Union GmH, Berlin
Printed in Germany

ISSN 0935-5200
ISBN 3-428-10876-0

# Vorwort

Am 14. Februar 2001 ist Manfred Friedrich, Ordinarius am Seminar für Politikwissenschaft der Georg-August-Universität Göttingen, emeritiert worden. Er hat sich von seinen Kollegen, Freunden, Schülern und Studenten mit einer Vorlesung verabschiedet, die die Breite und Tiefe seiner wissenschaftlichen Arbeit und akademischen Lehre, verortet zwischen Politikwissenschaft und Jurisprudenz, Historie und politischer Theorie, bereits am Titel erkennen läßt: „Das parlamentarische Regierungssystem des Grundgesetzes im Lichte der Staatsrechtslehre". Sie findet sich – ausgearbeitet und mit Annotationen versehen – im vorliegenden Band.

Das Seminar nun hat die jahrzehntelange fruchtbare Kooperation mit Manfred Friedrich durch ein Symposium gewürdigt, dessen Thema der zu Ehrende vorgeschlagen hat: „Zur Lage des deutschen Regierungs- und Parteiensystems". Das Symposium fand im Anschluß an die Abschiedsvorlesung statt. Die Beiträge zu dieser Veranstaltung werden hier, nur leicht überarbeitet, wiedergegeben, ohne Anmerkungsapparat, um so die Lebendigkeit der Diskussion zu erhalten und den Charakter der durchaus organischen Tagung mit ihren nicht wenigen inspirierenden Gedanken nicht zu zerstören. Gleiches gilt für meinen Nachtrag zum Symposium.

Mein Dank gilt all denen, die zum Gelingen dieses Bandes ganz wesentlich beigetragen haben. Das sind natürlich die Teilnehmer am Symposium, Politikwissenschaftler und Staatsrechtler, aus allen Regionen der Bundesrepublik zusammengekommen. Ich danke dem einfühlsam systematisierenden und interpretierenden Laudator, unserem Freund und Kollegen Walter Euchner, sowie für seine Begrüßungsworte dem Prodekan Ernst Kuper, über Jahrzehnte Manfred Friedrich persönlich und wissenschaftlich eng verbunden. Thomas König hat dankenswerterweise sich um die technische Logistik gekümmert, damit die frei vorgetragenen Diskussionsbeiträge festgehalten wurden. Und Stefan Eggemann hat redaktionell den vorliegenden Band betreut.

Ganz besonders verbunden sind wir Herrn Prof. Dr. h.c. Norbert Simon für sein freundliches Angebot, diesen Band in das Programm des Verlages Duncker & Humblot aufzunehmen.

Das Seminar für Politikwissenschaft hat am 14. Februar 2001 Manfred Friedrich als Mitglied der Georg-August-Universität verabschiedet und ihn zugleich als neuen Angehörigen herzlich willkommen geheißen, so jedenfalls vollzieht sich nach den Regeln des Niedersächsischen Hochschulgesetzes der Statuswechsel vom aktiven Professor zum Emeritus. Unseren Gruß an den Kollegen verbinden wir mit dem Wunsch auf weitere Jahre der Zusammenarbeit, auf Seiten des Entpflichteten ohne die Last von Prüfungen und bürokratischen Verpflichtungen. Vor allem wünschen wir ihm die dazu notwendige Gesundheit, auf daß die Freude an der Diskussion und die Neugier beim Forschen erhalten bleiben.

Göttingen, im Januar 2002                    *Peter Lösche*

# Inhaltsverzeichnis

# Über Manfred Friedrich und die Zusammenarbeit mit ihm

## Begrüßung zur Abschiedsvorlesung von Professor Dr. Manfred Friedrich am 14. Februar 2001

Von *Ernst Kuper*

Prodekan der Sozialwissenschaftlichen Fakultät
der Georg-August-Universität

Meine sehr verehrten Damen und Herren, lieber Herr Friedrich!

Herr Professor Rosenbaum wollte Sie hier zu dieser Veranstaltung, so war es ursprünglich vorgesehen, als Dekan im Namen der Sozialwissenschaftlichen Fakultät begrüßen. Zu seinem Bedauern muß er an einer ebenfalls auf diesen Nachmittag angesetzten Sitzung des Senats teilnehmen, die der Wichtigkeit nach über das Übliche hinausgeht. Er bedauert, deshalb hier nicht anwesend sein zu können, und hat mich in meiner Eigenschaft als Prodekan der Fakultät gebeten, ihn hier zu vertreten. Dieser Bitte komme ich gern, sehr gern nach, zumal da mein beruflicher und persönlicher Weg in den Ihren, lieber, verehrter Herr Friedrich, im wahrsten Sinne hineinverschlungen ist. Ich begrüße Sie und ich begrüße alle hier im Namen der Sozialwissenschaftlichen Fakultät unserer Universität, und ich freue mich insonderheit darüber, daß so viele Kollegen, mit denen Sie, lieber Herr Friedrich, in einem engeren oder weiteren Sinne irgendwann und irgendwie zusammengearbeitet haben, gekommen sind, einige ohne daß sie davon durch die Fahrt nach Göttingen abgehalten worden wären.

Im Wintersemester 1969 / 70 lernte ich, ein frischgebackener Lehrer und inzwischen wieder Student, Manfred Friedrich kennen. Er hatte zu diesem Zeitpunkt bereits eine steile wissenschaftliche Karriere hinter sich. Geboren am 7. Januar 1933 in Crimmitschau in Sachsen, hatte er im Herbst 1951 in Leipzig nach der an seinem Geburtsort abgelegten Reifeprüfung ein Studium der ostasiatischen Sprachen begonnen. Es sollte nur ein sehr kurzes Studium von der Dauer gerade eines Semesters werden, nämlich weil er es in der engeren Heimat unter dem neuen Einparteienstaat nicht länger aushielt. 1952, dem Jahr der Proklamierung des Aufbaus des Sozialismus auf der 2. Parteikonferenz der SED, entwich er in den „Westen", um zunächst an der Freien Universität Berlin, dann in Frankfurt Volkswirtschaft in Verbindung mit Geschichte und mit Politikwissenschaft zu studieren – Politikwissenschaft gab es zu diesem Zeitpunkt, zu den frühen 1950er Jahren, an deutschen Universitäten als Lehrfach noch kaum; Ausnahmen waren die Freie Universität Berlin und die drei Hochschulen im „roten" Hessen Darmstadt, Frankfurt, Marburg. 1956 schloß er in Frankfurt das volkswirtschaftliche Studium mit dem Diplom-Volkswirt ab, 1958 folgte dort summa cum laude die Promotion zum Doctor rerum politicarum mit der Dissertation „Philosophie und Ökonomie beim jungen Marx".

Schon vor der Promotion begann die Arbeit bei Professor Carlo Schmid an dessen Institut für politische Wissenschaft an der Universität Frankfurt, zunächst als wissenschaftlicher Mitarbeiter, dann ab 1960 als wissenschaftlicher Assistent, und zwar, wie nicht nur nebenbei erwähnt sei, auf der Stelle, die zuvor Wilhelm Hennis innegehabt hat, er ist heute hier unter uns und wird im weiteren Verlauf, mit Verve, wie ich zu Recht annehmen möchte, am Symposium zu Ehren Manfred Friedrichs teilnehmen. Im Sommer 1966 kam die Berufung auf den Lehrstuhl für Politikwissenschaft an der Pädagogischen Hochschule Lüneburg, auf eine C4-, oder wie es zu diesem Zeitpunkt noch hieß, eine H4-Stelle. Erstmals kennengelernt habe ich Herrn Friedrich indessen nicht in Lüneburg, sondern in Hamburg, und zwar in einem von ihm dort abgehaltenen

Seminar; dabei kam es im Anschluß an eine Seminarsitzung zu einem privaten Gespräch mit ihm, in welchem es um meine mögliche Bewerbung auf eine ihm gerade an der Pädagogischen Hochschule Lüneburg zur Verfügung gestellte wissenschaftliche Assistentenstelle ging, wozu er mich ermunterte. Diese Stelle wurde mir auch alsbald übertragen, in der chronologischen Reihenfolge war ich der erste bei ihm tätige Assistent. Sehr bald nach seiner Berufung nach Lüneburg nahm Herr Friedrich zusätzlich eine regelmäßige Lehrtätigkeit am Institut für politische Wissenschaft der Universität Hamburg auf, ohne die ich ihn sicherlich nicht, wie geschildert, kennengelernt hätte. 1975 wurde er an der Universität Hamburg zum Honorarprofessor („Professor gemäß § 10 Universitätsgesetz") ernannt. Zu diesem Zeitpunkt war er bereits, nämlich 1972, auf eine ordentliche Professur für Politikwissenschaft an der Abteilung Göttingen der Pädagogischen Hochschule Niedersachsen berufen, die 1978 als Erziehungswissenschaftlicher Fachbereich in die Georg-August-Universität eingegliedert worden ist.

Auch mein Wirken „an seiner Seite" hat die Station Lüneburg überdauert, kräftig wie ich durchaus sagen darf. 1974 gesellte ich mich wiederum ihm zu, nun in der Position eines Akademischen Rats in Göttingen, und recht erst von da entfaltete sich eine fruchtbare, zu jeder Zeit konfliktlose Zusammenarbeit mit ihm – nicht nur in der Lehre. In der Lehre kam sie in einer betont auf gegenseitige Ergänzung angelegten Arbeitsteilung zum Ausdruck, indem wir uns nämlich, um den Studierenden an einer Pädagogischen Hochschule und dann an einem Erziehungswissenschaftlichen Fachbereich ein im Rahmen ihres Lehrerstudiums sinnvolles und auch einigermaßen abgerundetes politikwissenschaftliches Curriculum anzubieten, über eben dieses verständigten, zu dem jeder von uns beiden seinen besonderen Anteil beizusteuern hatte; sein Anteil umfaßte die Teildisziplinen Regierungslehre (Politische Systemlehre) und Politische Theorie einschließlich Ideenge-

schichte, der meinige Internationale Beziehungen und Außen-
politik der Bundesrepublik, bald auch und zunehmend Euro-
papolitik. Daß dieser Modus fachlicher Arbeitsteilung über
die Jahre gehalten hat, nie von der Verfolgung eines Sonder-
wunsches durchkreuzt worden ist, erscheint mir als ein nicht
nebensächliches Zeugnis für die vornehme Kollegialität, die
Sie, sehr verehrter Herr Friedrich, in allen akademischen Dingen stets an den Tag gelegt haben. Noch andere Zeugnisse dafür gibt es, so, um nur noch dies zu erwähnen, daß Sie mir vor-
schlugen, daß wir eine Geschichte der Bundesrepublik schreiben, wofür Sie auch sogleich druckreife Partien vorlegten,
während ich solche augenblicklich noch schuldig blieb; aus
dem ehrgeizigen Projekt wurde allerdings nichts, schon weil
die doch recht intensive Inanspruchnahme durch die Lehre
und die schlechte finanzielle Ausstattung des Fachbereichs für
seine Realisierung nicht den Raum ließ.

Das Gesagte über ihn rundet es ab, daß seine Reflexion auf
die Politik seine neutrale Distanz zu ihr zur Voraussetzung
hat. Immerhin, in die Lüneburger Jahre fällt ein Versuch, in
die aktive Politik überzuwechseln, er scheiterte - wie ich hin-
zufügen möchte: zum Segen für die Wissenschaft. Auch die
hochschulpolitische Gremienarbeit hat ihn wohl kaum gereizt,
so oft sie ihn ganz bestimmt tüchtig geärgert hat. Aufgrund
seiner bis auf die allerletzte Zeit nicht zufriedenstellenden
Eingliederung an unserer Universität - man kann auch drasti-
scher sagen: seines ungewollten Dauersitzens zwischen den
Stühlen - war er eines Engagements auf diesem Feld auch in
weitem Maße unfreiwillig enthoben, sicherlich nicht zu seinem Mißfallen.

In der Göttinger Zeit wandte er sich zunehmend, wofür
aber schon in Frankfurt Wilhelm Hennis, der Lehrmeister im
Fach Politik, einen Anstoß gegeben haben dürfte, der Beschäf-
tigung mit der historischen Dimension des deutschen Staats-
und Verfassungsrechts zu. Diese Hinwendung wurde dauer-
haft, wozu, außer dem von der Mitgliedschaft in der Göttin-

ger Rechtswissenschaftlichen Gesellschaft begünstigten Austausch mit Kollegen aus der Juristischen Fakultät, die persönliche Bekanntschaft mit deren Nestor Rudolf Smend in seinen letzten Lebensjahren, auch mit Gerhard Leibholz beigetragen haben dürfte. Daß er sich im Bereich des Staats- und Verfassungsrechts fest verankert hat, wovon das Hauptwerk, die 1997 erschienene „Geschichte der deutschen Staatsrechtswissenschaft", eindrücklich zeugt, wird man indessen auch und noch vor anderem in seiner frühzeitig zum sicheren Besitz gewordenen wissenschaftlichen Grundüberzeugung angelegt erblicken müssen, nämlich daß das wissenschaftliche Studium der Politik ohne theoretische Anschauung zu keinen fruchtbaren Ergebnissen führen kann und eine solche Anschauung sich erst in der historischen Arbeit konkretisiert. Aber darüber, über seine wissenschaftliche Physiognomie und seinen wissenschaftlichen Ort, wird noch Herr Euchner reden.

1980 lehnte Herr Friedrich den ehrenvollen Ruf auf den Lehrstuhl „Politische Wissenschaft I" an der Ruhr-Universität Bochum ab. Es ging um die Nachfolge von Erwin Faul, der lange Jahre die Zeitschrift der Deutschen Vereinigung für Politische Wissenschaft, die Politische Vierteljahresschrift, geschickt durch die Klippen gesteuert hatte. Manfred Friedrich entschied sich, nach einigem Zögern und womöglich auch Schwanken, für Göttingen. Ganz sicher bestimmte ihn dazu, daß er nur in Göttingen den ihm gemäßen Ort für wissenschaftliches Arbeiten und Lehren gefunden zu haben meinte. Eine Voraussetzung für sein Bleiben hier war die ebenfalls 1980 erfolgte Kooptation durch die Sozialwissenschaftliche Fakultät an deren Seminar für Politikwissenschaft, aus ihr wurde 1998 die volle Mitgliedschaft in Fakultät und Seminar. Sehr verehrte Frau Kollegin Friedrich, auch mit Ihnen, die Sie mit dem heute zu Verabschiedenden seit 1982 verheiratet sind, hängt es und wohl in allererster Linie zusammen, daß er Göttingen nicht verlorengegangen ist! Ich lasse dies ganz bewußt in dieser Andeutung stehen.

Heute nehmen wir nun an der Abschiedsvorlesung des Kollegen Friedrich teil. Mit der Emeritierung werden aus Pflichten Rechte. Wir hoffen, daß er sich auch weiterhin, wenngleich mit deutlich verringerter Belastung, an der Ausbildung unserer Studierenden beteiligen wird, und wir können davon ausgehen, daß ihn die Forschung auch weiterhin im Griff behalten wird. Lieber Manfred Friedrich, dafür möchte ich Ihnen im Namen der Fakultät und ganz sicher auch aller hier Anwesenden noch einen langen ertragreichen Lebensabschnitt wünschen!

# Ein Versuch, Manfred Friedrich politikwissenschaftlich zu verorten

Von *Walter Euchner*

Zu Beginn der sechziger Jahre des vorigen Jahrhunderts begegnete ich Manfred Friedrich doppelt: zuerst intellektuell, in seiner Eigenschaft als Autor. Diese Begegnung geschah 1962 in der Buchhandlung des Stuttgarter Gewerkschaftshauses in der Rotestraße.

Nach Neuerscheinungen Ausschau haltend, erblickte ich einen Stapel schmaler Bände mit dem Titel „Opposition ohne Alternative?". Verfasser: Manfred Friedrich. Das Fach Politikwissenschaft befand sich damals im Aufwind, ich selbst betrieb es in Tübingen bei Iring Fetscher und Theodor Eschenburg. Einer meiner dortigen Mitdoktoranden hieß Ekkehard Krippendorf, der im „Monat" – eine damals viel gelesene Kulturzeitschrift – die kühne These vom Ende des Parteienstaates und damit auch einer parlamentarischen Opposition verkündet hatte. Meine Neugier war geweckt, und ich begann noch in der Buchhandlung mit der Lektüre von Friedrichs aufregendem Buch.

In Tübingen war mir, wie erwähnt, die Politikwissenschaft in Gestalt Iring Fetschers und Theodor Eschenburgs begegnet. Fetscher, dem gelehrten und höchst anregenden Ideengeschichtler, ging es um die prinzipielle Frage der Freiheit in der Demokratie – von dort aus führte nur ein indirekter Weg zur Analyse des aktuellen Zustandes der Bundesrepublik. Theodor Eschenburg war damals einer der wirksamsten Politikwissenschaftler Deutschlands. Er hatte eine präzise Vorstellung von dem Sinn oder, wenn man so will, vom „Geist" der politischen Institutionen in einer repräsentativen Demokratie und nahm sie zum Maßstab seiner Kritik an den Regierungen in Bund und Ländern, denen er den Mißbrauch ihrer Kompetenzen, überwiegend aus parteipolitischen Patronageinteressen, in ätzend formulierten Zeitungsartikeln vorhielt. Freilich wollte oder konnte Eschenburg sich nicht darauf verstehen, seine Auffassung vom pfleglichen Umgang mit den Institutionen systematisch darzulegen, und so blieb ich, auf eine Analyse des Zusammenhangs von Wirtschaft, gesellschaftlicher Entwicklung und politischen Institutionen erpicht, von der Eschenburgschen Institutionenkritik trotz ihrer Brillanz letztlich enttäuscht.

Umso größer war der Eindruck, den Friedrichs Analyse von Zustand und Zukunft der parlamentarischen Opposition in der Bundesrepublik auf mich machte. Ich verstand sie als eine Untersuchung im Geiste Otto Kirchheimers und Ernst Fraenkels. Diese hatten erkannt, daß der Zerfall des Weimarer Basiskompromisses, nämlich die erklärte Bereitschaft von reformistischer Arbeiterbewegung und Unternehmerlager, ihre Konflikte im Rahmen geordneter institutioneller Beziehungen auszutragen, das Ende der Weimarer Republik bedeute. Friedrich ging in seiner Untersuchung vom Aufkommen der Wohlfahrtsstaaten im westlichen Europa aus. Der Sozial- und Wirtschaftspolitik im Wohlfahrtsstaat sei eine kaum veränderbare Sachlogik eigen, die einer oppositionellen Alternativpolitik den Boden entziehe, weshalb die Chancen der Opposition schwänden, durch ein konsequentes Kontrastprogramm die Regierungsparteien in offener Feldschlacht von der Macht zu verdrängen. Das Oppositionsverhalten werde deshalb zwangsläufig eher kooperativ werden. Friedrich erwartete, daß die Annäherung von Regierungspolitik und weitgehend alternativlos gewordener Politik der Opposition schließlich einen Regierungswechsel zulassen werde. Die unterliegende Seite müsse dann nämlich nicht mehr befürchten, daß sie von der obsiegenden überfahren werde, da der Regierungswechsel keinen Kontinuitätsbruch bedeute, sondern eine organische Weiterentwicklung der vorangegangenen Regierungspolitik ermögliche. Friedrichs Argumentation, so kann man im Rückblick nach vierzig Jahren sagen, stellt – cum grano salis – eine geistreiche Legitimation der damals umstrittenen „Umarmungstaktik" der Sozialdemokraten dar. Diese verhalf der bisherigen Oppositionspartei, nunmehr des Herrschaftswissens teilhaftig geworden und nicht mehr so leicht diskriminierbar, nach einer Kooperationsphase von CDU / CSU und SPD in der Großen Koalition tatsächlich zur Regierungsübernahme.

Zurück zu meinen Begegnungen mit Manfred Friedrich. Die zweite erfolgte nach der literarischen, diesmal leibhaftig, und zwar aus diesem Anlaß: Im Herbst 1963 begab ich mich als Emissär von Iring Fetscher nach Frankfurt, um dort die Gründung eines zweiten politikwissenschaftlichen Seminars vorzubereiten. Ein anderes politikwissenschaftliches Seminar existierte bereits, und sein Chef war kein geringerer als Carlo Schmid, der große Parlamentarier, zugleich ein geistreicher und umfassend gebildeter Gelehrter und *homme de lettres*. Ich suchte also das Seminar Carlo Schmids im Kettenhofweg auf, das in einer großbürgerlichen Villa untergebracht war. Dort wurde ich freundlich empfangen und beraten von Manfred Friedrich, dort tätig als Wissenschaftlicher Assistent, und zwar als Nachfolger von Wilhelm Hennis, der kurz zuvor Frankfurt verlassen hatte, um einem Ruf an die Hamburger Universität zu folgen.

In Frankfurt herrschte in den sechziger Jahren ein ganz besonderer Geist. Er wehte herüber vom Institut für Sozialforschung, dem ehemaligen „Café Marx", in dem der Einfluß Theodor Adornos und Max Horkheimers allgegenwärtig war. Die Soziologen hatten es in jenen Tagen in Frankfurt nicht leicht, sich diesem Geist zu entziehen, auch nicht die Politikwissenschaftler, obwohl ihr Fach, das es ja vorwiegend mit politischen Institutionen zu tun hat, sie eigentlich gegen den Junghegelianismus dieser Schule, für die die die Institutionen

nichts weiter als der Ausdruck von Verdinglichung und Ent-
fremdung waren, hätte resistent machen müssen. Es muß ein-
geräumt werden, daß die jungen Leute Iring Fetschers sich
von der Frankfurter Schule beeindrucken ließen, doch mit
Haut und Haar verfallen sind sie ihr nicht. Sie zeigten sich in
ihren Schriften als wenig realistische Radikaldemokraten, die
den sklerotischen Erscheinungen der Adenauer-Ära ihre normativen Prämissen entgegenhielten – jedoch, trotz ihrer gelegentlich verstiegen puristischen Anforderungen an die Politik,
nicht immer zu Unrecht. Jedenfalls gingen sie in ihren gemeinsamen Publikationen nie so weit wie jener Berliner Politologe,
der die politischen Institutionen zugunsten hauptsächlich ima-
ginierter sozialer Freiheits- und Protestbewegungen mit Fuß-
tritten traktierte. Fünfzehn Jahre später forderte er die „Wie-
derentdeckung der politischen Institutionen". Warum, so muß
man sich fragen, hatte er sie eigentlich vergessen?

Manfred Friedrich blieb solchen Anwandlungen gegenüber
immun. Zwar scheint es, als habe er dem Frankfurter Zeitgeist
durch die Wahl des Themas seiner Dissertation, die unter dem
Titel „Philosophie und Ökonomie beim jungen Marx" 1960
bei Duncker & Humblot herausgekommen ist, seine Referenz
erwiesen, doch der Schein trügt. Das Thema muß expliziert
werden. Ein Text des jungen Marx, bekannt geworden unter
dem Namen „Nationalökonomie und Philosophie", wurde
nach dem Zweiten Weltkrieg als Schlüssel zum Zugang zu einer humanistischen Interpretation des Marxismus begriffen.
Marxismus ist Humanismus, so lautete die Botschaft, die weit-
hin Resonanz fand, nicht zuletzt bei den akademischen Ein-
richtungen beider christlicher Konfessionen. Viele bedeutende
Gelehrte haben sich an der Interpretation dieses schwierigen
junghegelianischen Textes versucht: noch vor der nationalsozialistischen Herrschaft Herbert Marcuse, und nach dem
Zweiten Weltkrieg Erich Thier und Heinrich Popitz.

Friedrichs Untersuchung unterscheidet sich beträchtlich
von den bisweilen enthusiastischen Interpretationen dieses

Marxschen Entwurfs, der als Begründung einer humanistischen Anthropologie, quasi als Alternativprogramm zu Heideggers Existentialismus, gefeiert wurde. Verglichen mit solchem Lob, argumentiert Friedrich aus kühler Distanz. Dem Junghegelianer Marx sei es bekanntlich um die Aufhebung der Philosophie durch politische Praxis gegangen, doch dabei habe es sich um einen Versuch mit untauglichen Mitteln gehandelt, paradoxerweise um das Postulat einer Nichtphilosophie mit den Mitteln der Philosophie. Friedrich spricht von der Bumerang-Wirkung dieser Position. Denn Marx habe zu seinem Erkenntnisanspruch, die Widersprüche der bürgerlichen Gesellschaft brächten schließlich die Emanzipation des Proletariats hervor, nur dadurch gelangen können, daß er selbst in die gesellschaftlichen Verhältnisse eine vorgefaßte Idee hineinprojiziert habe. Am Ende seiner Untersuchung stellt er die Frage, ob Marx, indem er darauf pochte, die historischen Entwicklungsgesetze entschlüsselt zu haben, sich nicht auf den gefährlichen Weg zum totalen Herrschaftswissen begeben habe.

Friedrich hielt also, wie klar zu erkennen, Distanz zu den Frankfurter Bekenntnissen, und dies wurde dort auch so wahrgenommen. Im Jahr 1966 erhielt er einen Ruf auf den Lehrstuhl für Politische Wissenschaft an der Pädagogischen Hochschule in Lüneburg und widmete sich einem weit nüchterneren Gegenstand als dem in Frankfurt verhandelten, nämlich dem Parlamentarismus der Bundesländer, der zu Unrecht bis in unsere Gegenwart in der politikwissenschaftlichen Forschung vernachlässigt wird. 1975, als er bereits zum Lehrkörper der Göttinger Georgia Augusta zählte und zugleich als Honorarprofessor an der Universität Hamburg las, erschien als Quintessenz seiner einschlägigen Untersuchungen seine Schrift „Landesparlamente in der Bundesrepublik", in der er die Methode des über die Landesgrenze hinausreichenden Verfassungsvergleichs virtuos handhabe. Der Befund erhärtete die inzwischen verbreitete Einsicht, daß das politische Gewicht der Landtage im Abnehmen begriffen sei. Vor allem

zwei Gründe seien hierfür ausschlaggebend. Zum einen die
Bundesratskonstruktion, die die Länderregierungen und nicht
Vertreter der Landtage zu Mitgliedern des Bundesorgans
„Bundesrat" mache und somit eine Gouvernmentalisierung
der Länderrepräsentation bewirke, und zum anderen die Verankerung des Rechtsinstituts der „Gemeinschaftsaufgaben"
im Grundgesetz. Beides habe zur Folge, daß, wenn der Beschluß eines durch Bund und Land gemeinsam finanzierten
Projekts gefaßt ist, das Landesparlament praktisch zur Zustimmung gezwungen ist, d. h. vor allem die Parlamentsmehrheit, weil sie die von ihr getragene Regierung nicht desavouie-
ren will – aber auch die Opposition hat in der Regel kein Interesse daran, dem Ausbau der Infrastruktur des Landes im
Wege zu stehen. Dieselbe kompetenzeinschränkende, wenn
nicht kompetenzvernichtende Wirkung hat ferner die Einführung einer dem Grundgesetz selbst unbekannten „dritten Ebene" der Verfassung, nämlich die Ministerpräsidenten- und
Fachministerkonferenzen, gegen deren Beschlüsse die Landtage gleichfalls machtlos sind.

Bei Lichte betrachtet sind die ungeschmälert bei den Ländern liegenden Kompetenzen wie Kultur und Bildung, Raum-
ordnung und das Kommunalrecht keineswegs bedeutungslos,
da sie das Leben der Bürger in ihrem engeren räumlichen Bereich ihrer Gemeinde, die Schule ihrer Kinder, die Theater
und Museen, ihr landschaftliches Umfeld mit seinen Naherho-
lungsgebieten, unmittelbar betreffen. Friedrich machte sich
Gedanken, wie die Beratungen in den Länderparlamenten
über diese Gegenstände transparenter gemacht werden könnten, z. B. durch eine Verbesserung der Ausschußarbeit und der
Berichterstattung hierüber im Plenum, doch er mußte nüch-
tern konstatieren, daß die einschlägigen Beschlußfassungen
viel zu oft am Plenum vorbeiliefen. Friedrich betonte, daß den
Landtagen die Chance verblieben sei, die Verwaltungskontrol-
le zu forcieren, wobei sie sich nicht auf die Aufdeckung von
Leistungsdefiziten beschränken dürften. Sie könne im Ideal-

fall, zusammen mit einer Verstärkung des Gewichts der Aus-
schußtätigkeit, zu einem Ineinandergreifen der parlamentarischen und exekutiven Tätigkeiten und damit zu einer Demo-
kratisierung des Regierungshandelns führen. In den siebziger
Jahren gehörte die Parlamentsreform zu den prominenten
Themen. Doch die meisten Reformvorschläge der interessier-
ten Parlamentarier wie die der Politikwissenschaft sind auf der
Strecke geblieben, denn nichts ist immobiler als die parlamentarischen Sitten und Gebräuche.

Friedrich hat in einer Schrift aus dem Jahre 1977, die be-
trächtlichen Staub aufgewirbelt hat, eine nüchterne Bilanz der
Tätigkeit von Landtagsabgeordneten gezogen. Es handelt sich
dabei um ein Gutachten im Gefolge des sogenannten Diäten-
urteils des Bundesverfassungsgerichts, in dem dieses die Tätigkeit der Bundestagsabgeordneten als *fulltime-job* charakteri-
siert und deshalb die Diäten als reguläres Einkommen, das somit auch besteuert werden müsse, bezeichnet hatte. Die Frage,
die Friedrich zu beantworten hatte, war, ob der Landtag als
Berufsparlament zu bezeichnen sei und ob den Landtagsabgeordneten im Falle der Bejahung Diäten auf der Grundlage einer „Vollzeitbeschäftigung" gewährt werden sollen. Er kam
zu dem Ergebnis, daß die Mandatsausübung der überwiegen-
den Mehrzahl der Abgeordneten nicht mit einem den vollen
Einsatz der Arbeitskraft fordernden Beruf gleichgesetzt werden könne, was eine Folge der skizzierten rechtlichen und faktischen Einschränkung der Landtagskompetenzen sei. Dies
äußere sich in der geringeren Sitzungshäufigkeit sowie in der –
verglichen mit den Bundestagsabgeordneten – geringeren Beanspruchung durch die Ausschußarbeit. Die Landtagsabgeordneten müßten anerkennen, daß die Beanspruchung durch
das Mandat im nationalen Parlament unvergleichlich größer
sei, und sich deswegen mit niedrigeren Diäten, die gleichwohl
eine dem Gewicht ihres Amtes angemessene Lebensführung
zu gestatten habe, zufrieden geben. Es versteht sich, daß dieses
Gutachten bei vielen Abgeordneten auf Mißfallen stieß. Ver-

suche, mit Hilfe von Terminkalendern einen Arbeitsaufwand nachzuweisen, der dem eines Bundestagsabgeordneten glich, konnten nicht ausbleiben. Friedrich hatte allerdings nicht bestritten, daß es auch in den Landesparlamenten Abgeordnete mit übermäßiger Arbeitsbelastung gebe. Seine Überlegungen galten dem Durchschnittsabgeordneten, dessen Arbeitsbelastung der Ermittlung einer angemessenen Höhe der Diäten zu Grunde zu legen sei.

Friedrich hat sich bereits in den siebziger Jahren einem anderen Forschungsschwerpunkt – von dem gleich die Rede sein wird – zugewandt. Inzwischen hat sich der politische Stil auf Landesebene weiter gewandelt, und es ist schade, daß wir seine Kommentare hierzu vermissen müssen. Inzwischen gibt es Ministerpräsidenten, die der rein administrativen Seite der Regierungstätigkeit weniger Gewicht beimessen als der Medienpräsenz, und diese wird dadurch erreicht, daß Fragen der Landespolitik, gewissermaßen ohne Vorwarnung und ohne die Landtagsfraktion zu verständigen oder den zuständigen Fachminister zu konsultieren, in den Medien kommentiert und faktisch vorentschieden werden – vielleicht ein Ausdruck der Bonapartisierung von Parteien und Regierungen, von der gelegentlich die Rede ist. Es stellt sich die Frage, wieviel Minister- und Abgeordnetenfrustration die Landespolitik erträgt, und es muß bedauert werden, daß der Mut zum freiwilligen Ministerrücktritt hierzulande so selten geworden ist. Doch dies ist ein weites Feld, das hier nicht beackert werden kann.

Bereits in den sechziger Jahren faszinierten Friedrich – von Hause aus Nationalökonom – die rechtlichen Grundlagen der staatlichen Verfassung in Deutschland – eine Liebe, die sich als fruchtbar erwies, denn ihr verdankt die Wissenschaft ein magistrales Werk, eine „Geschichte der deutschen Staatsrechtswissenschaft", die nach langer Inkubationszeit 1997 bei Duncker & Humblot herausgekommen ist und die von der Disziplin, wie die inzwischen erschienenen Rezensionen zeigen, voller Respekt aufgenommen worden ist. Es gab viele

Vorzeichen dafür, daß ein großes Werk im Entstehen begriffen sei, denn bereits 1971 war eine kleine Monographie über Albert Hänel und seine Bedeutung für die deutsche Staatsrechtswissenschaft herausgekommen. Friedrich hat sie nicht zufällig Rudolf Smend zugeeignet, denn es war hauptsächlich dieser feinsinnige Gelehrte, der ihn zur Geschichte der Staatsrechtswissenschaft hinführte. Zudem erschienen viele Portraits bedeutender Staatsrechtslehrer in Zeitschriften und Sammelbänden von Friedrichs Hand.

Bedeutende Werke lassen sich in vielerlei Absicht lesen. Friedrich kommt es auf die langen Linien der Problemgeschichte und ihrer Umbrüche oder Paradigmenwechsel an, um den von Thomas Kuhn geprägten Begriff zu gebrauchen. Musterbeispiel hierfür ist die Infragestellung des Rechtspositivismus, der sich in den relativ ruhigen Zeiten des wilhelminischen Kaiserreiches herausgebildet hat. In den unruhigen Zeiten der Weimarer Republik hielt man ihm das Problem der vorrechtlichen Voraussetzungen der politischen Ordnung entgegen. Hermann Heller z. B. stellte die Frage nach der Bedeutung der sozialen Strukturen für Staat und Recht, und Carl Schmitt ging es um die existenziellen Grundlagen von Staat und Politik, die er in der Fähigkeit zur Dezision, zur Entscheidung zwischen Freund und Feind, verortete. Dies brachte ihn auf Distanz zum parlamentarischen Regime von Weimar, dem er derartige Entscheidungen nicht zutraute.

Ich selbst bevorzuge die Lesart, die nach der Kontinuität von Problemen frägt, die bis in unsere Zeit hereinreichen und sich immer wieder erneut stellen und nach Lösungen verlangen. Auch was diese Probleme betrifft, wird man in Friedrichs breit ausgefächertem Panorama staatsrechtlicher Paradigmen fündig. Ich möchte dies am Beispiel des Problems gegliederter Staaten und der damit zusammenhängenden Frage nach dem Sitz der Souveränität erläutern. Friedrich schildert detailliert die Reichsdebatte in der Publizistik des 17. Jahrhunderts. Das Imperium im Reich, oder, um den von Bodin und Hobbes massiv ins Spiel gebrachten Begriff zu verwenden, die Souveränität, wurde dem Kaiser zugeschrieben, der sie auf Grund göttlichen Rechts, des *ius divinum*, innehabe. Doch diese Auffassung widersprach den realen Machtverhältnissen, denn die Macht der Territorialfürsten gegenüber dem Kaiser wuchs kontinuierlich, so daß Formeln wie *civitas composita*, „aus Staaten sich zusammensetzender Staat", oder die berühmte Definition des Reichs als *systema aliquod plurium civitatum* aufkamen, deren Unbestimmtheit die allgemeine Ratlosigkeit hinsichtlich einer präzisen Bestimmung der Staatsform des Reiches ausdrückte. Bei Friedrich ist ferner nachzulesen, daß Gottfried Wilhelm Leibniz einen ständisch-föderalistischen Reichsbegriff entwickelt habe, wonach sich „das Reich aus Gemeinwesen mit abgestuften politischen Funktionen und Wertigkeiten" zusammensetze. Einzelne davon besäßen Politikfähigkeit im europäischen Rahmen, weshalb sie zur Mitbildung des Reichswillens legitimiert seien. Leibniz, so Friedrich, habe Reich und Territorien „sachlich-kompetenziell nach Wirkungssphären" unterschieden und damit ein „funktionales Souveränitatsdenken" entwickelt, „das im Grunde schon das in der gliedstaatlichen Beteiligung an der gesamtstaatlichen Willensbildung liegende Spezifikum des modernen deutschen Bundesstaatstypus thematisiert".

Wahrhaft zukunftsweisende Gedanken. Sie paßten zwar nicht zu der Souveränitätsdoktrin, wie sie von Bodin und Thomas Hobbes überkommen ist. Dem Wortsinne nach heißt Souveränität *suprema potestas*, die dem Herrscher zusteht, und ist diese tatsächlich die höchste Gewalt, so ist sie einheitlich und unteilbar, denn sonst wäre sie keine höchste Gewalt. Die auf logischen Deduktionen beruhende Dogmatik hat die Staatsrechtslehre bis in die jüngste Vergangenheit vexiert. Sie sah lange Zeit nur zwei staatliche Formbildungen vor, nämlich Staatenbünde, bei denen die Souveränität der daran beteiligten Staaten unbestritten bestehen blieb, oder den Bundesstaat, bei dem eine eigentliche Souveränität der Gliedstaaten nicht gegeben sei. Ein Bundesstaat aus gleichfalls souveränen Teilstaaten sei „ein unmöglicher Zwitterbegriff", so ein von Friedrich zitierter Autor. Noch bei Hans Kelsen ist nachzulesen, daß der Gedanke einer Teilbarkeit der Souveränität zwischen dem Oberstaat und den Gliedstaaten „grotesk" sei.

Inzwischen wurden aus, wenn ich es richtig sehe, pragmatischen Gründen derartige dogmatische Finessen aufgegeben und die Möglichkeit eines Bundesstaates, in dem die staatliche Souveränität zwischen Bund und Ländern quasi zur „gesamten Hand" ausgeübt wird, anerkannt. Doch das nicht gelöste dogmatische Problem reproduziert sich heute auf erweiterter Stufenleiter, nämlich bei der Bestimmung der staats- oder völkerrechtlich definierten Form der Europäischen Union gemäß der Formenlehre, die die Staatsrechtslehre oder Allgemeine Staatslehre traditionsgemäß bereitstellen. Gemäß ihrem Angebot ist die EU entweder ein Bundesstaat, das heißt ein föderativer, bestehend aus Gliedstaaten, was sie eindeutig *nicht* ist und in absehbarer Zeit, wie ich meine, auch nicht sein wird, oder aber ein Staatenbund, bestehend aus souveränen Staaten, was die EU nach meiner Auffassung gleichfalls nicht mehr ist, denn inzwischen ist die institutionelle Verflechtung zwischen EU und den sie konstituierenden Staaten zu weit fortgeschritten. Seit dem Maastricht-Urteil des Bundesverfassungsgerichts aus dem Jahre 1993 kennt die deutsche Staatsrechtslehre einen dritten Formenbegriff, den des *Staatenverbundes*, d. h. einer Form der Verbindung souveräner Staaten mit von diesen Staaten geschaffenen eigenen Institutionen, „die über den souveränen Staaten stehen, ohne selbst souverän zu sein" – so der Bundesverfassungsrichter Udo di Fabio in einem Vortrag, der in der FAZ vom 2. Februar 2001 nachzulesen ist.

In der Tat eine schwer nachvollziehbare Vorstellung: ein bundesstaatsähnliches Gebilde mit weit ausgefächerten Kompetenzen, dessen Entscheidungen in einem großen Teil Europas, gebildet aus selbständigen Staaten, bindend sind – ohne daß, wie de Fabio betont, von einer zwischen Staatenverbund

und Mitgliedsstaaten geteilten Souveränität die Rede sein könne, denn eine Teilung der Souveränität sei nicht möglich, ohne den Begriff um seinen Sinn zu bringen. Um es paradox zu formulieren: Die oberste Gewalt der Staaten untersteht einer Gewalt, die nicht oberste Gewalt ist. An dieser Stelle wird sichtbar, wie produktiv das „funktionale Souveränitätsdenken" von Leibniz war, das eine *superioritas territorialis* von der „vollen Souveränität" schied. Ich will es vorsichtig formulieren. Vielleicht ist nunmehr der Zeitpunkt gekommen, auf den Souveränitätsgedanken zu verzichten, wie bereits – bei Friedrich nachzulesen – Hugo Preuß vorgeschlagen hat – von einem fundamentalen Restbestand freilich abgesehen. An seine Stelle träte die Konzeption eines Kompetenzgefüges auf nationaler und europäischer Ebene, das durch innerstaatliches Recht und durch Verträge unter den EU-Mitgliedstaaten geschaffen worden ist. Um die Einhaltung dieser Kompetenzordnung zu sichern, wäre allerdings die Errichtung eines „gemeinsamen Verfassungsgerichts für Grundsatz- und Kompetenzfragen" erforderlich, wie de Fabio, der gleichfalls die Kompetenzregelungsfrage in das Zentrum seiner Überlegungen rückt, vorschlägt. Allerdings hält er an der einzelstaatlichen Souveränität fest. Sie wird den Einzelstaaten als solchen zugeschrieben, doch de facto liegt sie parzelliert bei den einzelnen Akteuren einer international vernetzten Kompetenzordnung und entspräche ihrem ursprünglichen Sinn einer „obersten Entscheidungsgewalt" nicht mehr. Die Idee der Volkssouveränität, des *pouvoir constituant* des Volkes des Abbé Sieyès, darf allerdings nicht preisgegeben werden. Wirksam wird sie allerdings nur in Zeiten revolutionärer Umbrüche. Daß es diese noch gibt, lehrte die jüngste Geschichte deutlich genug.

Standardwerke wie Friedrichs „Geschichte der deutschen Staatsrechtswissenschaft" pflegen zu bilanzieren. Sie markieren eine Paßhöhe, von der auf den Bestand bewährter Begriffe und Argumente zurückgeblickt werden kann. Von ihnen aus läßt sich der Blick aber auch nach vorn richten: auf eine allerdings unübersichtliche Landschaft, in Teilen verhüllt von Nebelbänken, unter denen sich vielleicht schwer begehbares Gelände verbirgt.

Die Probleme, die im Inneren der Gemeinwesen heranreifen, sind nur vage zu antizipieren. Der Leser der Feuilletons in der Tages- und Wochenpresse weiß, daß gegenwärtig allerhand Visionen und Utopien kursieren, beginnend mit der fortschreitenden Klonbarkeit alles Lebendigen einschließlich des Menschen bis zu der Entwicklung künstlicher Intelligenzen in Roboterform, die zu den Menschen in Konkurrenz treten könnten. Der Mensch, so könnte man diese Visionen deuten, nimmt nunmehr die Evolution selbst in die Hand, sie wird zum Artefakt, das sich vielleicht gegen seinen Erzeuger kehren wird. Wahnhafte Vorstellungen, möchte man sagen, doch sie stammen nicht von sektiererischen Utopisten, sondern von Mitgliedern renommierter Universitäten und Forschungsinstitute. Muß man sie ernst nehmen? Vielleicht sind sie Symptome der Richtung, die das Wachstum des technologischen, biologischen und medizinischen Wissens einschlagen könnte. Die Politik würde alsdann mit Problemen konfrontiert, die heute in Umrissen zu ahnen sind: der Notwendigkeit, die wachsende Inegalität der Wissenszugänge und sozialen Lagen zu kompensieren, die neuen wissenschaftlich-technokratischen Hierarchien, deren Ansprüche imperativ auf die Gesellschaft überzugreifen drohen, in Schach zu halten, die Folgen neuer biotechnischer Möglichkeiten zu kontrollieren, um ethisch bedenkliche Auswüchse der Manipulation von Mensch und Natur zu unterbinden. Werden, so muß man sich fragen, die staatsrechtlich beschreib- und definierbaren politischen Mechanismen, das Parteiensystem, die demokratischen Strukturen, die korporatistischen Verfahren des Interessenausgleichs, die Zusammenarbeit der Nationen im Rahmen der Europäischen Union, ihre angemessenen politischen Formen finden, die sie hinlänglich leistungsfähig machen, die künftigen Auf-

gaben zu meistern? Die Staatsrechtswissenschaft, sagt man, sei
im Wesen konservativ, und die Politikwissenschaft blicke zuweilen zu verwegen nach vorn. Nach meiner Auffassung müssen die in Rede stehenden Disziplinen janusköpfig sein: Der
Blick in die Vergangenheit muß den Blick auf die Problemla-
gen der Zukunft schärfen.

# Das parlamentarische Regierungssystem des Grundgesetzes in den Verhandlungen der Vereinigung der Deutschen Staatsrechtslehrer

Von *Manfred Friedrich*

## I.

Vereinigungen von Wissenschaftlern aus einem bestimmten Wissenschaftsgebiet oder auch aus dem Gesamtgebiet mehrerer Wissenschaften sind in der Gegenwart eine allgemein verbreitete, über das engere Fach hinaus gewöhnlich aber nur wenig, wenn überhaupt bekannte Erscheinung. Man denke nur etwa an die an den juristischen Fakultäten in der Bundesrepublik gelehrten größeren rechtsdogmatischen Fächer Zivilrecht, Zivilprozeßrecht, Öffentliches Recht, Strafrecht, auch Völkerrecht: Jedes derselben ist nicht ohne eine seiner wissenschaftlichen Pflege durch Vorträge und Diskussionen sich widmenden Gelehrtenvereinigung, die aber außerhalb des jeweiligen Faches durchaus ganz unterschiedlich bekannt ist[1]. Die bekannteste und renommierteste von ihnen ist zweifelsohne die für das Öffentliche Recht. Ihren Namen führt sie nach der ältesten und vornehmsten öffentlichrechtlichen Fachdisziplin, die satzungsgemäß alle ihre Mitglieder neben einer weiteren öffentlichrechtlichen Disziplin zu ihrem Arbeitsgebiet haben müssen: „Vereinigung der Deutschen Staatsrechtslehrer".

---

1 Für freundliche Auskünfte zu den genannten Vereinigungen danke ich den Herren Professoren Heinrich Honsell (Zürich), Fritz Loos (Göttingen) und Christian Starck (Göttingen).

Was hebt diese Fachvereinigung von anderen solchen Vereinigungen ab und liefert eine Erklärung für ihr sprichwörtlich hohes Prestige? Zunächst ist dies ihre bemerkenswerte Rolle in der neueren Wissenschaftsgeschichte des deutschen öffentlichen Rechts. 1922 erstmals gegründet, löste sie sich nach der nationalsozialistischen Machtübernahme de facto auf[2], 1949 wurde sie in ihrer bis heute anzutreffenden Gestalt neu gegründet. In den Zwanzigerjahren war sie der Ort, wo der mit dem Übergang in den demokratischen Staat überfällige Streit um die wissenschaftliche Neuausrichtung des Faches vom Zaune gebrochen und in der Hauptsache ausgetragen worden ist[3]. Die auf ihren damaligen Tagungen mit wissenschaftlicher Leidenschaft und hohem Qualitätsanspruch geführten Debatten um die neuen Weimarer Verfassungsprobleme leben unbeschadet ihrer schnellen Überholung durch die Ereignisse noch immer im Gedächtnis des Faches als verpflichtender Ansporn fort.

Weiteres, was der Vereinigung zu ihrem hohen Ansehen verholfen hat, sind der feste, dialogisch gestaltete Ablauf ihrer wissenschaftlichen Verhandlungen, der sich bis heute nicht wesentlich geändert hat, sodann die hervorstechende Form der Veröffentlichung ihrer Verhandlungen und ihre exklusive Mitgliederstruktur. Einmal im Jahr, nach 1949 in der Regel in der ersten Oktoberhälfte[4], hält die Vereinigung eine fast im-

---

[2] Zur Frage, ob sie rechtswirksam aufgelöst wurde, Konrad Hesse, AöR 99 (1974), S. 312 f.; Hans Peter Ipsen, VVDStRL 52 (1993), S. 7 ff.; Michael Stolleis, Die Vereinigung der Deutschen Staatsrechtslehrer. Bemerkungen zu ihrer Geschichte, in: KritV 60 (1997), S. 339 ff., 343.

[3] Er trat nicht auf allen ihren Tagungen in Erscheinung, sondern im wesentlichen auf den folgenden: 1926 Münster (Erster Beratungsgegenstand: Die Gleichheit vor dem Gesetz im Sinne des Art. 109 der Reichsverfassung; Referenten Erich Kaufmann und Hans Nawiasky), 1927 München (Erster Beratungsgegenstand: Das Recht der freien Meinungsäußerung; Referenten Karl Rothenbücher und Rudolf Smend), auch noch 1928 Wien (Erster Beratungsgegenstand: Wesen und Entwicklung der Staatsgerichtsbarkeit; Referenten Heinrich Triepel und Hans Kelsen).

mer stark besuchte Vollversammlung ihrer Mitglieder ab, auf
der jedesmal über zwei Themata, ein staatsrechtliches und in
der Regel ein verwaltungsrechtliches Thema, durch Bericht,
Mitbericht und Aussprache verhandelt wird[5]; die Referenten
sind immer Mitglieder der Vereinigung, auch an der Aussprache nehmen nur die Mitglieder, nicht auch Gäste teil. Nicht
später als im folgenden Jahr werden alle Referate samt Diskussion als ein eigener Band in einer nur für diesen Zweck vorge-
sehenen Schriftenreihe der Vereinigung veröffentlicht[6]. Zur
Zeit – Herbst 2001 – zählt diese Reihe sechzig Bände[7], andere
Fachvereinigungen verfügen über eine solche Reihe nicht[8]. Bis
heute hat die Vereinigung daran festgehalten, de facto nur Ha-
bilitierte als Mitglieder aufzunehmen[9]; auch österreichische

---

[4] Zur Weimarer Zeit fanden die Jahrestagungen noch im Frühjahr statt. Die
1949 neu gegründete Vereinigung hielt bisher in jedem Jahr eine Tagung ab,
1990 fand außerdem eine Sondertagung statt.

[5] Erst in letzter Zeit begegnen Jahrestagungen auch mit mehr als zwei Referenten zum einzelnen Beratungsgegenstand. Der steigende Mitgliederbestand
hat diese Lockerung der dialogischen Verhandlungsform unvermeidlich gemacht: Beim Festhalten an der bisherigen Gewohnheit, daß über jedes Thema
zwei Berichterstatter referieren, könnte einfach nicht mehr jedes Mitglied damit rechnen, wenigstens einmal vor der Vereinigung referieren zu können.

[6] „Veröffentlichungen der Vereinigung der Deutschen Staatsrechtslehrer".

[7] Dabei sind übereinstimmend mit der offiziellen Heftzählung die sieben
von 1924 bis 1932 erschienenen Hefte mitgezählt.

[8] So besitzt die seit 1950 bestehende „Deutsche Zivilrechtsvereinigung", die
im Zweijahresrhythmus Tagungen veranstaltet, kein eigenes Publikationsorgan,
Vorträge auf ihren Tagungen werden im Archiv für die zivilistische Praxis ver-
öffentlicht. Auch für Vorträge in der Vereinigung der Strafrechtslehrer ist das
Fachorgan, die Zeitschrift für die gesamte deutsche Strafrechtswissenschaft, der
Veröffentlichungsort.

[9] Seit der 1971 in Regensburg beschlossenen neuen Fassung der Satzung ist
nicht mehr von der Habilitation als Voraussetzung für den Eintritt in die Vereinigung die Rede, sondern davon daß die Befähigung zu Forschung und Lehre
„durch hervorragende wissenschaftliche Leistung" nachgewiesen sein muß; ein
ebenfalls 1971 in Regensburg beschlossener erläuternder Zusatz definiert hervorragende wissenschaftliche Leistung im Sinne der Satzungsvorschrift als
„eine den bisher üblichen Anforderungen an die Habilitation entsprechende
Leistung". Satzung wie aktuelles Mitgliederverzeichnis werden schon seit der
Weimarer Zeit regelmäßig am Ende eines Heftes der Veröffentlichungen der

und schweizerische Fachgelehrte sind wie schon zur Weimarer Zeit Mitglieder und nehmen als Referenten oder Diskussionsredner nicht weniger rege als die deutschen Mitglieder an den Verhandlungen teil[10]. Gegenüber einer Konkurrenzorganisation hat sich die Vereinigung noch zu keinem Zeitpunkt behaupten müssen. Da von 1949 bis heute wohl ausnahmslos jeder Privatdozent im öffentlichen Recht vom Vorstand als Mitglied aufgenommen worden ist[11], ist praktisch die gesamte Publizistenzunft in ihr zusammengeschlossen[12].

Hält man sich alles dies vor Augen, kann es wohl nicht überraschen, daß die Vereinigung schon mehrmals das Interesse historischer Untersuchungen auf sich gezogen hat, und zwar sowohl die Weimarer wie die 1949 neugegründete. Dabei galt aber stets das Interesse unterschiedslos allen in der Vereinigung stattgefundenen Verhandlungen während eines bestimmten Zeitabschnitts[13], wohingegen noch nicht versucht wurde, allein die um ein bestimmtes Generalthema unter

---

Vereinigung abgedruckt. Der wissenschaftliche Nachwuchs im öffentlichen Recht hat sich nach dem Muster der Vereinigung seinen ständigen Verhandlungsort in der sogenannten Kleinen Staatsrechtslehrervereinigung gegeben. Zu ihr Helmuth Schulze-Fielitz, 25 Jahre Assistentenvereinigung, in: JöR N.F. 34 (1985), S. 35–69.

[10] Zur Weimarer Zeit kamen Mitglieder auch von der deutschsprachigen Juristischen Fakultät an der Karls-Universität Prag. Deutsche Staatsrechtswissenschaft heißt demnach im Verständnis des Faches „die in deutscher Sprache betriebene"; so Hans Peter Ipsen, Staatsrechtslehrer unter dem Grundgesetz. Tagungen ihrer Vereinigung 1949–1992, 1993,S. 3.

[11] So nach Ipsen, ibid., S. 1.

[12] Nur sehr wenige, die die Voraussetzungen für die Mitgliedschaft erfüllten, sind 1949 ff. wegen ihres Eintretens für das NS-Regime zunächst nicht und dann auch nicht ausnahmslos als Mitglieder aufgenommen worden. Dazu Christian Starck in seiner Ansprache als Vorsitzender: VVDStRL 59 (2000), S. 9; Willibalt Apelt, Jurist im Wandel der Staatsformen, 1965, S. 299 f.

[13] Zur Weimarer Vereinigung: Rudolf Smend, Die Vereinigung der deutschen Staatsrechtslehrer und der Richtungsstreit, Festschrift Ulrich Scheuner, 1973, S. 575–589, auch in ders., Staatsrechtliche Abhandlungen und andere Aufsätze, 3. erw. Aufl. 1994, S. 620 ff.; Ulrich Scheuner, AöR 97 (1972), S. 349–374; Michael Stolleis, Geschichte des öffentlichen Rechts in Deutschland, Bd. 3, 1999, S. 186 ff. sowie ders. in: KritV 60 (1997), S. 339 ff.; Manfred Friedrich,

wechselndem Gesichtspunkt kreisenden Verhandlungen einer Betrachtung zu unterziehen.

Einer solchen Gruppe thematisch übereinstimmender Verhandlungen in der Vereinigung wende ich mich auf den folgenden Seiten zu: denjenigen Verhandlungen nämlich, die mit wechselndem Thema über das im Grundgesetz festgelegte parlamentarische Regierungssystem geführt worden sind. Pragmatische Gründe haben im wesentlichen für die Wahl dieses Untersuchungsgegenstandes gesprochen. So zunächst daß das parlamentarische Regierungssystem des Grundgesetzes zweifelsohne nicht in dem Maße wie Grundrechte, bundesstaatliche Ordnung oder auch Verfassungsgerichtsbarkeit den Stoff für verfassungsrechtliche Kontroversen bereithält, so daß von den Verhandlungen in der Vereinigung über seine Probleme auch eine nur kurze Studie wie die auf diesen Seiten dargebotene ein hinlänglich instruktives Bild vermitteln kann. Sodann daß die um das Regierungssystem kreisenden Erörterungen eher wohl als andere Erörterungen in der Fachvereinigung darüber belehren dürften, ob sich die Vereinigung als mehr versteht „als nur eine Art ‚Berufsvereinigung', nämlich auch als einen möglichen institutionellen Ansatzpunkt für das verfassungstheoretische Wissen und Gewissen unseres demokratischen Gemeinwesens"[14]. Und schließlich hat ein in meiner Person liegender Grund dafür gesprochen, daß im folgenden die Verhandlungen über das grundgesetzliche Regierungssystem einer Betrachtung unterzogen werden: Der Verfasser ist

---

Geschichte der deutschen Staatsrechtswissenschaft, 1997, S. 330–333; zuletzt und speziell zur Initiatorleistung Heinrich Triepels Ulrich Gassner, Heinrich Triepel. Leben und Werk, 1999, S. 133–144. Zur Vereinigung seit 1949 Konrad Hesse, AöR 97 (1972) S. 345 ff. und die zusammenfassenden Etappendarstellungen bei Hans Peter Ipsen, AöR 97 (1972), S. 375–417; AöR 109 (1984) S. 555–593; AöR 117 (1992), S. 595–643; Nachdruck aller Darstellungen u.d.T.: Staatsrechtslehrer unter dem Grundgesetz (Anm. 10).

14 So drückte auf der Jahrestagung 1961 Horst Ehmke als Mitberichterstatter für das Thema „Prinzipien der Verfassungsinterpretation" eine Erwartung an die Vereinigung aus: VVDStRL 20, S. 133.

Politologe, sein Arbeitsgebiet ist also diejenige Fachwissenschaft, die sich mit der Staatsrechtswissenschaft die Kompetenz für die Untersuchung der Probleme unseres Regierungssystems teilt.

Mehr braucht zur Begründung meiner Themenwahl und des von der Behandlung meines Themas zu Erwartenden nicht gesagt zu werden. Ich kann sogleich in medias res gehen: Ohne Umschweife kann ich mich jenen an einer Hand sich abzählen lassenden Jahrestagungen der Staatsrechtslehrervereinigung zuwenden, auf denen das im Grundgesetz festgelegte parlamentarische Regierungssystem entweder unter einem bestimmten Aspekt oder überhaupt als Ganzes der auf der Tagesordnung stehende Beratungsgegenstand gewesen ist. Dabei brauche ich auf Verhandlungen in der Fachvereinigung aus der Zeit vor 1933 schon deshalb nicht zurückzublicken, weil auf keiner damaligen Staatsrechtslehrertagung das parlamentarische Regierungssystem zur Beratung angestanden hat[15].

## II.

1. Auf der Jahrestagung 1998, auf der letztmals bis heute die Staatsrechtslehrer über das parlamentarische Regierungssystem debattiert haben, begann Michael Sachs, der zweite Berichterstatter über den Beratungsgegenstand „Das parlamentarische Regierungssystem und der Bundesrat – Entwicklungsstand und Reformbedarf", seinen Bericht mit dem Satz: „Das parlamentarische Regierungssystem hat sich nach dem Krieg bereits zweimal als unerschöpfliches Thema unserer Tagungen erwiesen"[16]. Tatsächlich ist es zwischen 1949 und 1998 nicht nur auf zwei Jahrestagungen der Vereinigung der eine der meist zwei Beratungsgegenstände gewesen, nämlich 1957 und

---

[15] Allenfalls in gewissem Sinne 1931 in Halle im Mitbericht von Gerhard Leibholz: „Die Wahlrechtsreform und ihre Grundlagen".
[16] VVDStRL 58 (1999), S. 42.

1974 – Sachs erwähnt diese beiden Tagungen in einer Anmer-
kung zu dem zitierten Satz –, sondern auch schon auf der Tagung, auf der die Vereinigung 1949 wiedergegründet worden
ist. Ja, für diese letztere Tagung war als staatsrechtlicher Beratungsgegenstand ein für das neue·Regierungssystem anschei-
nend absolut zentrales Thema ausgewählt worden: „Kabinettsfrage und Gesetzgebungsnotstand nach dem Bonner
Grundgesetz"[17]. Wenn dennoch diese allererste Tagung der
neugegründeten Vereinigung offensichtlich bei Sachs nicht
mitgezählt ist, dann kann dies seinen wahrscheinlichen nächsten Grund nur darin haben, daß sie ihm im Augenblick nicht
gegenwärtig gewesen ist, deshalb nicht eine abwegige Annahme, weil in der Arbeit des Faches ein Echo auf sie ausgeblieben ist. Sachs kann aber auch der Ansicht gewesen sein, daß
„Kabinettsfrage" und „Gesetzgebungsnotstand" nicht die Topoi sind, die das entscheidende Neue an der Konzeption des
grundgesetzlichen Regierungssystems bezeichnen. Aber auch
wenn er dieser sachlich wohlbegründeten Ansicht gewesen
sein sollte, könnte es dieselbe natürlich nicht rechtfertigen, unter denjenigen Tagungen der Vereinigung, auf denen über das
parlamentarische Regierungssystem debattiert worden ist, die
Jahrestagung 1949 nicht mitzuzählen.

„Kabinettsfrage" heißt, unter welcher Konstellation die Regierung aus dem Amt gehen muß, und mit „Gesetzgebungsnotstand" meint Art. 81 GG, wo von jenem die Rede ist, diejenige Verfassungsstörung, bei der das Parlament zur Wahrnehmung seiner Rechtsetzungsaufgabe nicht in der Lage ist.
In der Tat hat die Regelung dieser beiden Dinge die Aufmerk-
samkeit der Mütter und Väter der Bonner Verfassung hochgra-
dig in Anspruch genommen. Die verhängnisvolle Dauerlabili-
tät der Regierungen Weimars vor Augen, wünschten sie bekanntlich Kanzler und Regierung deutlich stärker als unter

---

17 VVDStRL 8 (1950), S. 1–66; Berichterstatter Walter Jellinek und Hans
Schneider.

der Weimarer Verfassung zu machen. Aber nicht zu dem Preis,
an die Stelle von deren Abhängigkeit vom Parlament auch nur
für einen Augenblick deren Abhängigkeit vom Staatsober-
haupt treten zu lassen. Vielmehr sollte es für jeden denkbaren
Fall ausgeschlossen sein, daß von der parlamentarischen zur
präsidentiellen Regierungsweise übergegangen wird. Es kann
genügen, nur in aller Kürze den Niederschlag dieser zentral-
sten Intention der Verfassungsgeber in der Anlage des Regierungssystems vor Augen zu führen: Zum einen sind dem Bundespräsidenten die meisten politischen Befugnisse seines Weimarer Vorgängers entweder überhaupt genommen oder ihm
nur noch deutlich eingeschränkt zugestanden, wie er auch
nicht mehr durch Volkswahl ins Amt gelangt, und zum anderen sieht das Grundgesetz im Verhältnis zwischen Regierung
und Parlament verfassungstechnisch neuartige Sicherungen
der Regierungsstabilität vor, nämlich konstruktives Mißtrauensvotum (Art. 67 GG) und Vertrauensfrage (Art. 68 GG);
Art. 67 GG erlaubt einen Regierungssturz nur noch bei
gleichzeitiger Wahl eines neuen Bundeskanzlers, Art. 68 GG
die Auflösung des Bundestages, abgesehen vom Fall des
Nichtzustandekommens einer mehrheitlichen Kanzlerwahl,
nur noch bei Ablehnung des vom Bundeskanzler nachgesuch-
ten Vertrauens, wobei im Falle der Nichtauflösung die Ge-
setzgebungsbefugnis bis zu höchstens sechs Monaten an den
Bundesrat übergehen kann (Art. 81 GG). Eben diesen gesamten Komplex von nicht unproblematischen Neuregelungen
meint das für die Jahrestagung 1949 als erster Beratungsgegenstand vorgesehene Thema: „Kabinettsfrage und Gesetzgebungsnotstand nach dem Bonner Grundgesetz". Jene Neuer-
ungen stellen aber mitnichten, worüber es längst keinen Zweifel mehr gibt, das eigentliche Kernstück des mit dem Grundgesetz geschaffenen parlamentarischen Regierungssystems dar.
Dasselbe liegt vielmehr erst in der alternativlosen Einführung
der Wahl des Regierungschefs durch das Parlament (Art. 63
GG), sie erst markiert die Abkehr des Grundgesetzes von der

regierungszentrierten deutschen Verfassungstradition. In keinem Falle kann die Wahl des Bundeskanzlers dem Bundestag aus der Hand genommen werden, erst dank ihr hat er im Regierungsprozeß die Schlüsselstellung inne. Und überhaupt erst deswegen kann das parlamentarische Regierungssystem des Grundgesetzes als die adäquate Organisationsform der modernen Demokratie „westlichen" Typus bezeichnet werden: Mit der Wahl des Parlaments entscheidet die Wählerschaft zugleich über die Regierung, jedenfalls über die Person des Regierungschefs.

An sich hätten daher auf der Tagesordnung der ersten Versammlung der wiedergegründeten Vereinigung nicht Kabinettsfrage und Gesetzgebungsnotstand als Beratungsgegenstand stehen sollen, sondern die neue parlamentarische Kanzlerwahl und überhaupt der gesamte im Grundgesetz herbeigeführte bedeutende Ausbau der Parlamentsstellung: Keine, um wenigsten die Hauptdinge stichwortartig anzuführen, Möglichkeit der Parlamentsauflösung außer in zwei streng restriktiv festgelegten Sonderfällen, die auch bei einer auf die radikale Beseitigung der Parlamentsauflösung ausgehenden Absicht der Verfassungsgesetzgeber nicht hätten ausgeschaltet werden können[18]; keine Möglichkeit der Volksgesetzgebung; keine exekutivische Ausnahmegewalt à la Art. 48 WRV und überhaupt keine selbständigen Rechtsverordnungen der Exekutive ohne parlamentarische Ermächtigung (Art. 80 Abs. 1 GG). Die Vorbereitung der Gründungsversammlung hatten Hans Helfritz, Richard Thoma und Erich Kaufmann in die Hand genommen[19], die beiden letzteren waren als exzellente Kenner der modernen Verfassungs- und Regierungsprobleme völlig anerkannt. Man kann davon ausgehen, daß diese beiden

---

[18] Nämlich Unfähigkeit des Bundestags zur Kanzlerwahl mit Mehrheit seiner Mitglieder (Art. 63 Abs. 4 GG) und Ablehnung des Vertrauensantrags des Bundeskanzlers (Art. 68 GG).

[19] Vgl. dazu Konrad Hesse, AöR 97 (1972), S. 346; Willibalt Apelt (Anm. 12), S. 210 f.

über den Spitzenrang der neu eingeführten parlamentarischen
Kanzlerwahl und die, daran gemessen, klar zurückstehende
Bedeutung von konstruktivem Mißtrauensvotum und Vertrauensfrage völlig sich im klaren gewesen sind, so daß, wenn
sie nichtsdestoweniger den Beratungsgegenstand nicht auf die
neue Kanzlerwahl, sondern auf Kabinettsfrage und Gesetzgebungsnotstand fokussiert haben, dann dafür nur der Grund
ausschlaggebend gewesen sein kann, daß die in Art. 63 GG geregelte Kanzlerwahl ersichtlich nicht in dem Maße wie Art. 67,
68 und 81 GG zu offenen Fragen Anlaß gibt.

Die zwei Vorträge auf der Jahrestagung 1949 über Kabinettsfrage und Gesetzgebungsnotstand sprechen für diese Annahme. Die beiden Referenten, Walter Jellinek und Hans
Schneider, sprachen zwar durchaus nicht nur die auf diese
zwei Topoi sich beziehenden Fragen an, vermieden es aber,
den Plan des Regierungssystems auch nur anzudiskutieren.
Vielmehr bevorzugten sie eine typisch gesetzespositivistische,
das Gewicht nahezu völlig auf den isolierten Textwortlaut der
einzelnen Verfassungsvorschrift legende Verfassungsausle-
gung; Jellinek kam es zudem auf eine fast pedantische Reini-
gung der neuen Verfassungsvorschriften von allen ihm nicht in
jeder Hinsicht als völlig klar genug erscheinenden Formulie-
rungen an[20]. Wenn in der Arbeit des Faches ein Echo auf die
zwei Vorträge ausgeblieben ist, kann dies kaum verwundern:
Die eine oder andere zweifelsfreie Klarstellung der Referenten
zum Wortlaut des Verfassungstextes brauchte ein künftig zu
den einschlägigen Fragen erneut sich äußernder Autor einfach
nur zu übernehmen. Vergegenwärtigt man sich die öffentlich-
keitsarme Atmosphäre der Bonner Verfassungsverhandlungen
und die Schmalheit der in ihrem Verlauf angefallenen Verfas-
sungsmaterialien, war eine überzeugende Herausarbeitung der
Verfassungsentscheidungen zur Anlage des Regierungssystems
auch wohl noch nicht zu erwarten.

---

[20] Er trägt mehrmals Neufassungen von einzelnen Verfassungsartikeln bzw.
Artikelteilen vor.

2. Als 1957 erneut im Kreis der Vereinigung über das parlamentarische Regierungssystem beraten wurde, hatte die Bundesrepublik die Einbürgerung ihres neuen parlamentarischen Regierungssystems im Grunde schon absolviert. Ein für Deutschland grundsätzlich neues bipolares Parteiensystem, das unerwartet schnell zum Durchbruch gekommen war, war seine Grundlage und hielt seine Entwicklung in einer zu Weimar völlig entgegengesetzten Bahn.

Auch diesmal kam der Begriff „Parlamentarisches Regierungssystem" im Wortlaut des Beratungsgegenstandes nicht vor, er lautete denkbar schlicht und weit gefaßt: „Parlament und Regierung im modernen Staat"[21]. Der Erstberichterstatter Ernst Friesenhahn, Verfassungsrichter der ersten Stunde, ließ immerhin gleich zu Beginn seiner Ausführungen nicht den leisesten Zweifel, daß alle Überlegungen zum Thema in letzter Linie deshalb angestellt würden, „um unser parlamentarisches System einzuordnen"[22]. Dementsprechend legt er zunächst dar, was überhaupt Demokratie „im modernen Staat" bedeutet – sie wird definiert als mit Mehrheitskonsens auf Zeit übertragene und zu verantwortende öffentliche Herrschaft –, sodann umreißt er die wesentlichen realen Bedingungen für ein modernes politisches System des parlamentarischen Demokratietypus, die im Verfassungsrecht nicht notwendig einen Reflex haben müssen, und erst danach geht er auf die Stellung des Parlaments und sein Verhältnis zur Regierung näher ein. Die verfassungsrechtliche Hauptthese geht dahin, daß in einem parlamentarischen Regierungssystem die Zuständigkeitsabgrenzung zwischen Parlament und Regierung weder „nach dem Grundsatz der strengen Gewaltenteilung, noch auch unter dem Aspekt einer Balance" vorgenommen werden kann[23]. Denn das Parlament sei im parlamentarischen System „eben nicht nur Legislative", dies, so Friesenhahn im Schlußwort zur

---

21 VVDStRL 16 (1958), S. 9 – 153.
22 Ebd., S. 13.
23 Ebd., S. 16 ff.

Aussprache[24], „war eine meiner Hauptthesen", es gebe in einem solchen System „ein Hinüber- und Herüberwirken"[25]
zwischen Parlament und Regierung, das sich bei der engen
Verzahnung beider überhaupt nicht ausschalten läßt.

Daß Friesenhahn mit solchen Thesen einer Art Kompetenz-
Kompetenz des Parlaments das Wort reden würde, kann man
nicht behaupten. Auch im parlamentarischen System, so seine
ausdrückliche Klarstellung, kann „die Selbständigkeit der Regierung als des politisch leitenden Exekutivorgans erhalten
bleiben und muß erhalten bleiben, wenn dieses System seine
besonderen Vorzüge entfalten soll"[26]. Die der Regierung zustehende Initiative, ihre „durchaus führende Funktion", sollen
also nicht angetastet werden, wie andererseits aber auch für
die Einwirkung des Parlaments auf die Regierung, sei es durch
seine Debatten, sei es durch seine Gesetzesbeschlüsse, keine
starre und zu enge Grenze angenommen werden darf. Friesenhahn bejaht es daher durchaus, daß das Parlament auch durch
Beschlüsse außerhalb des Gesetzgebungsverfahrens verpflich-
tend auf die Regierung einwirken kann oder durch einfaches
Gesetz ein Mitwirkungsrecht bei Regierungsakten sich vorbe-
hält[27], in anderen Worten: Er lehnt die Annahme eines allgemeinen Regierungsvorbehalts selbst nur innerhalb der sogenannten Organisationsgewalt klar ab, sieht vielmehr „nur da,
wo eine Kompetenz absolut eindeutig durch spezielle Verfassungsvorschrift der Regierung zugewiesen ist"[28], die unüber-
windliche Schranke für die Mitwirkung des Parlaments im Bereich der Regierung gesetzt. Die Negation eines allgemeinen
Regierungsvorbehalts ist der konkrete Sinn seines bekannten,
immer wieder bis heute beifällig zitierten Leitsatzes: Im parlamentarischen System steht die Staatsleitung Regierung und

---

[24] Ebd., S. 148.
[25] Ebd., S. 149.
[26] Ebd., S. 33 u. passim.
[27] Vgl. ebd., S. 38, 70 Ziff.4 (Leitsatz).
[28] Ebd., S. 38.

Parlament „gewissermaßen zur gesamten Hand" zu[29]. Der allerdings leicht mißverständliche Satz, mißverständlich weil ja die Opposition nicht mitregiert, setzt die Unterscheidung zwischen Regierung „im Sinne des Organs und der Funktion"[30] voraus, das heißt er impliziert, daß die Teilhabe des Parlaments an der „Staatsleitung", der klassischen Regierungsfunktion, allein an der Kontrolle des „Organs" Regierung durch das Parlament, die ohne selbständiges, eigenverantwortliches Handeln der Regierung unmöglich ist, die unverrückbare Grenze hat. Friesenhahns dem deutschen Zivilrecht entlehnte „Gesamthand"-Formel soll also nicht verwischen, daß Parlament und Regierung an der „Staatsleitung" mit je spezifischen Anteilen und Schwerpunkten teilhaben. Auch der Einwand gegen sie kann nicht durchgreifen, daß, da im parlamentarischen System die entscheidende politische Trennlinie zwischen Regierung plus Parlamentsmehrheit einer-, minderheitlicher Opposition anderseits verläuft, nur von einer gemeinsamen Ausübung der Regierungsfunktion durch die Regierung und ihre Mehrheit die Rede sein kann. Denn genau um diese Rollenteilung zu effektivieren, muß die Staatsleitung als eine gemeinsame Aufgabe von Regierung und Parlament angesehen werden, da sonst das Parlament, um nochmals mit Friesenhahn selbst zu sprechen, schwerlich „der Brennpunkt der öffentlichen Meinungsbildung" und die „öffentliche Tribüne" sein könnte, „auf der vor dem ganzen Volk, das durch Rundfunk und Fernsehen in besonderer Weise an dieser Öffentlichkeit teilnimmt, die Regierung und die sie stützenden Parteien ihre Politik dem Volk darlegen und verteidigen, die Opposition aber diese Politik in der gleichen Öffentlichkeit angreift und ihre Alternativpolitik entwickelt"[31]. Im übrigen betont Friesenhahn fortlaufend, daß auch im parlamentarischen System die Spannung zwischen Regierung und Parlament ein-

---

29 Ebd., S. 38, 67 Ziff.13 (LS).
30 Ebd., S. 41.
31 Ebd., S. 31.

fach aufgrund der verschiedenen Funktionen von Parlament
und Regierung durchaus weiterbesteht.

Der Mitbericht von Karl Josef Partsch auf der Jahrestagung
1957 über „Parlament und Regierung im modernen Staat"[32]
bedarf nur einer kürzeren Bemerkung. Er ergänzt Friesenhahns umfassende Darlegung durch eine anschauliche, detail-
lierte Schilderung der modernen Parlaments- und Regierungs-
praxis, dabei stehen das Gesetzgebungsverfahren und die Rolle der Parlamentsausschüsse im Vordergrund. Näher braucht
darauf indessen deshalb nicht eingegangen zu werden, da
Partsch, obwohl er seinen Bericht mit einer Beschwörung von
Max Webers Herausstellung des Gegensatzes zwischen politi-
schem und bürokratischem Denken beginnt, grundsätzliche
Verfassungsprobleme und auch spezifische Verfassungsrechts-
fragen nicht aufwirft. Auch in der Aussprache trat sein Bericht
hinter dem Friesenhahns durchaus zurück.

Das Echo auf Friesenhahns Bericht in der Aussprache war
eher ambivalent. Einesteils wurde seine grundsätzliche Zu-
rückweisung von Gewaltenteilungslehre und Balancemodell
als ungeeignet, um Struktur und Funktionsweise eines parlamentarischen Regierungssystems angemessen zu begreifen,
mit voller Zustimmung aufgenommen, andernteils wurden
einzelne seiner verfassungsrechtlichen Thesen, die an sich nur
Konsequenzen aus seiner Gesamtsicht eines parlamentarischen Regierungssystems darstellen, mit Bestimmtheit abgelehnt. So daß der Bundespräsident eine vom Bundeskanzler
geforderte Ministerernennung oder -entlassung in jedem Falle
vornehmen müsse[33] oder auch daß er einem nach Art. 68 GG
korrekt gestellten Antrag des Kanzlers auf Auflösung des
Bundestages nicht sich versagen dürfe[34]. Auch in der weiteren

---

[32] Ebd., S. 74 – 109.

[33] So Friesenhahn S. 68 Ziff.18; dagegen in der Aussprache etwa Ulrich
Scheuner, S. 125 f., Hans Schneider, S. 139.

[34] So Friesenhahn S. 69, Ziff.27; dagegen ebenfalls Ulrich Scheuner, S. 124
und Hans Schneider, S. 139. Auch gegen Friesenhahns Leugnung eines verfas-

Folge hat sich Friesenhahn in diesen heiklen Fragen mit seinem konsequent parlamentarisch-demokratischen Standpunkt nicht durchsetzen können, zumal nicht nachdem das Bundesverfassungsgericht mit dem Urteil vom 16.02.1983 dem Bundespräsidenten für den Fall, daß nach gescheitertem Vertrauensantrag der Bundeskanzler die Auflösung des Bundestages fordert, einen nicht zu engen Entscheidungsspielraum zugebilligt hat[35].

3. Als 1974 im Kreis der Staatsrechtslehrer das parlamentarische Regierungssystem erneut ins Visier genommen wurde, war von ihm auch bereits im Beratungsthema die Rede: „Das parlamentarische Regierungssystem des Grundgesetzes"[36], als Berichterstatter waren mit Thomas Oppermann und Hans Meyer zwei aus der jüngeren Generation ausgewählt. Auf verfassungsrechtliche Streitfragen konnten diese zwei nicht sich einschießen, einfach da zur Zeit über solche nicht diskutiert wurde[37], auch zu verfassungspolitischen Vorschlägen konnten sie beim Mangel solcher kaum sich äußern; die schon auf einen Beschluß des Bundestages von 1970 zurückgehende Enquete-Kommission Verfassungsreform, die 1974 ihre Vorschläge noch nicht unterbreitet hatte, rief zwar momentan in der Aussprache einen kleineren Wellenschlag hervor, aber nicht wegen der von ihr erwarteten Stellungnahme zu den von ihr zu prüfenden Sachfragen, sondern wegen ihres internen Beratungsverfahrens[38]. In der Analyse des Ist-Zustandes des Bonner Regierungssystems unterscheiden sich die zwei Berichte praktisch nicht voneinander; soweit Unterschiede zwischen ihnen festgestellt werden können, betreffen sie den Umfang des Un-

---

sungsmäßigen Vorbehaltsgebiets der Regierung wurden Bedenken, so vor allem von Wilhelm Merk, vorgebracht.

[35] Vgl. dazu BVerfGE 62, 1 ff.

[36] VVDStRL 33 (1975), S. 8 – 182.

[37] In diesem Sinne in der Aussprache auch Ulrich Scheuner, ebd., S. 121: „Eigentlich verfassungsrechtliche Fragen sind nicht aufzuwerfen, sie sind auch zumeist – ich weise auf Art. 21, 38 GG hin – ausdiskutiert."

[38] Vgl. ebd., S. 127 f.

tersuchungsfeldes und in gewissem Sinne die Methode. Op-
permanns Analyse, nach der Überschrift des ersten Hauptteils
seines Berichts der „Gegenwartslage des deutschen Parlamentarismus" geltend, ist breiter angelegt, wie schon die von ihm
bevorzugte Rede von „Parlamentarismus" statt von parlamentarischem Regierungssystem oder parlamentarischer Regierungsform anzeigt, ein umfänglicher Abschnitt ist für die Wi-
derlegung des im Lager der Neuen Linken gerade wieder auf-
erstandenen Antiparlamentarismus à la Carl Schmitt reser-
viert[39]. Die Analyse Meyers ist straffer und in gewissem Sinne
objektnäher, beschränkt sich nämlich erklärtermaßen auf „die
Organisationsstruktur des parlamentarischen Regierungssystems", das Meyer als „die zentrale Organisationsform unseres
demokratischen Verfassungsstaates" bezeichnet[40], ihre Ergeb-
nisse gewinnt sie aus einer dichten Inbeziehungsetzung der
Prinzipien und Regeln eines modernen parlamentarischen Regierungssystems zu den für ein solches System typischen Rea-
litätsbefunden. Friesenhahns vor bald zwanzig Jahren vorge-
tragener Diagnose stimmen die zwei Berichte in der großen
Linie unbedingt zu; die Zentralstellung des Parlaments in einem modernen parlamentarisch-demokratischen Regierungssystem betont jedenfalls Meyer eher noch entschiedener; die
Unbrauchbarkeit der traditionellen Lehren über Gewalten-
trennung, -balancierung und -dualismus für die Analyse eines
modernen bipolar-gewaltenverschränkenden Regierungssystems ist für beide Berichterstatter keine Frage mehr. Noch
am ehesten kann man einen Unterschied zu Friesenhahns älte-
rem Bericht darin erblicken, daß die jüngeren Berichte weniger dazu bereit sind, die Funktionen des Parlaments als Ganzes hinter dem zentralen Gegensatz zwischen Regierung und
Opposition zurücktreten zu lassen. Daß mithin alles in allem
gegenüber Friesenhahns Bericht durchaus nur leicht verän-
derte Akzentsetzungen festgestellt werden können, spiegelt

---

[39] Ebd., S. 35–38.
[40] Ebd. S. 69.

im Diskurs der Wissenschaft des öffentlichen Rechts wider, daß mit der Verweisung der zwanzigjährigen Regierungs- und Kanzlerpartei in die Opposition aufgrund der Bundestagswahlen 1969 und der Bestätigung dieses erstmaligen echten Regierungswechsels im Bund durch die Bundestagswahlen 1972 das grundgesetzliche Regierungssystem seine „Bewährung" hinter sich gebracht hatte, Meyer erklärt diese Zäsur auch ausdrücklich zum Eckstein seiner Bewertung[41].

Der Ertrag der uns angehenden Verhandlungen auf der Jahrestagung 1974 läßt sich nicht leicht resümieren. Verfassungsrechtliche Kontroversfragen sind in den zwei Berichten kaum berührt, wenn dann auch nur in einer nicht mitvorgetragenen Fußnote; eine so wenig auf die leichte Achsel zu nehmende Verfassungsfrage wie die, ob ein Vertrauensantrag nach Art. 68 GG auch ausschließlich zum Zweck der Herbeiführung von Neuwahlen gestellt werden darf, ist nicht angesprochen, sie wurde allerdings auch erst ein Jahrzehnt später hochaktuell. Auch als Verfassungspolitiker spitzen Oppermann und Meyer eher nur den Mund. So befürwortet zwar Oppermann, die Auflösung des Bundestags durch die Zulassung der Selbstauflösung mit qualifizierter Mehrheit zu erleichtern[42], wofür sich dann auch 1976 die Enquete-Kommission Verfassungsreform aussprechen sollte[43], dagegen äußert er sich zur Frage plebiszitärer Einschübe ins Grundgesetz nur dahin, daß eine „offene Diskussion" über diesen Komplex „durchaus zeitgemäß" wäre[44], auch seine Befürwortung einer gewissen Übernahme der vermeintlichen britischen Verfassungsgewohnheit des allgemeinen Mandats[45] kann bei der regelmäßigen Bildung einer

---

41 Vgl. ebd., S. 72, 104 f., 114 (LS Ziff.24).

42 Vgl. ebd., S. 55.

43 Beratungen und Empfehlungen zur Verfassungsreform. Schlußbericht der Enquete-Kommission Verfassungsreform des Deutschen Bundestages Teil I: Parlament und Regierung = Zur Sache 3 / 76, S. 102 ff.

44 VVDStRL 33 19/5), S. 51.

45 Vgl. ebd., S. 51 ff., 53.

homogenen Parteiregierung in Großbritannien, einer Koali-
tionsregierung hierzulande nicht als ein weiterführender Gedanke gelten. Sicher nicht zu Unrecht wurde gelegentlich in
der Aussprache den zwei Berichterstattern zu wenig Gespür
für zukünftige Herausforderungen an die Parteiendemokratie
nachgesagt. Woran konkret gedacht war, macht die in der
Aussprache von Hans Zacher[46] geäußerte Befürchtung vor einer Überforderung der verteilungspolitischen Leistungsfähig-
keit der parlamentarischen Demokratie deutlich.

4. Letztmals auf einer Jahrestagung der Vereinigung wurde
1998 über das parlamentarische Regierungssystem diskutiert:
„Das parlamentarische Regierungssystem und der Bundesrat –
Entwicklungsstand und Reformbedarf", Berichterstatter waren Rudolf Dolzer und Michael Sachs[47]. Gleich in seinen ersten Sätzen nannte es Dolzer im Grunde genommen einen
„Glücksfall", daß die Staatsrechtslehrertagung – sie fand wie
üblich in der ersten Oktoberhälfte statt und damit diesmal etwa vierzehn Tage nach den Bundestagswahlen – das Verhältnis
zwischen Bundesrat und parlamentarischem System erst nach
den Wahlen zum 14. Deutschen Bundestag, deren Ausgang
den politischen Gleichklang zwischen Bundestag und Bundesrat nach acht Jahren unterschiedlicher Mehrheiten wiederher-
stellte, behandelte: sie könne sich nun dem Thema „in einer
Atmosphäre *sine ira et studio*" zuwenden, auch Sachs sprach
zu Anfang seines Mitberichts eine in diese Richtung gehende
Erwartung aus[48]. Daß die Mehrheit im Bundesrat wie erstmals
zu Anfang der siebziger Jahre gegensätzlich zu der im Bundestag zusammengesetzt sein kann, was es der Opposition er-
möglicht, über den Bundesrat die Umsetzung des Gesetzge-
bungsprogramms der Bundesregierung und ihrer Mehrheit
blockieren zu können, war für den Vorstand der Vereinigung
sicherlich der Hauptgrund, das für Deutschland vorbelastete

---

[46] Ebd., S. 138.
[47] Ebd. 58 (1999), S. 7–138.
[48] Ebd., S. 42.

Thema „Parlamentarisches Regierungssystem und Bundesrat" endlich auf die Tagesordnung einer ihrer nächsten Zusammenkünfte zu setzen. Das Thema sollte nach Meinung des Vorstandes aber gewiß nicht so verstanden werden, daß ausschließlich die eben gerade beseitigte Unnormalität unterschiedlicher Mehrheiten in den zwei Verfassungsorganen und nicht das gesamte Verhältnis des Bundesrats zum parlamentarischen Regierungssystem behandelt wird. Die zwei Referenten faßten das Thema auch nicht in dem ersteren engen Sinne auf.

Im Unterschied zu den bisher in den Blick genommenen Berichten sind jene von 1998 am ehesten als verfassungsdogmatisch anzusprechen, zielen vorab auf die Explizierung des von der Verfassung dem Regierungssystem, seinen Institutionen und ihrem Zusammenwirken zugedachten Sinns. Verfassungspolitisch gehen die Ansichten der zwei Referenten keineswegs nur am Rande auseinander: Dolzer steht dem aktuellen Zustand des parlamentarisch-föderativen Systems kritisch-reformerisch gegenüber, Sachs verneint eher dessen Reformbedürftigkeit[49]. Für Dolzer ist der Stein des Anstoßes am heutigen Verbundföderalismus, der „in erster Linie Mitsprache auf der Bundesebene mittels des Bundesrats" bedeutet[50], daß zunehmend das Festmachen der Verantwortlichkeit erschwert werde, er betont also die mangelnde Herstellung von Transparenz und Öffentlichkeit und die drohende Gefahr der Verwischung der Rollen von Mehrheit und Opposition[51]; konsequenterweise weist er der Verfassungsrechtsdogmatik die Aufgabe zu, das für demokratische Herrschaft fundamentale Prinzip zurechenbarer Verantwortlichkeit mit dem Ziel der Begrenzung der Reichweite und Wirkungsweise des bundesstaatlichen Prinzips fruchtbar zu machen[52]. Sachs lehnt eben dieses

---

[49] Etwa in diesem Sinne die Gegenüberstellung der Standpunkte der zwei Referenten in der Aussprache bei Dieter Grimm, ebd., S. 89.

[50] Ebd., S. 20.

[51] Vgl. ebd. bes. S. 21, 30.

Ansinnen an die Verfassungsrechtsdogmatik, weil zur grundgesetzlichen Gleichrangigkeit von Demokratie- und Bundesstaatsprinzip im Widerspruch stehend, klar ab[53], der Bundesrat gilt ihm bei aller Herkunft aus dem monarchischen Konstitutionalismus als „kein Fremdkörper im demokratischen
Verfassungsstaat"[54]. Die Erhaltung der Funktionsfähigkeit
des parlamentarischen Systems sieht er denn auch nicht als
*die* Frage an die nächste Zukunft an, sondern „ob der Bundesrat seine Bedeutung bei parteipolitischer Übereinstimmung
mit der parlamentarischen Regierungsmehrheit behaupten
kann"[55].

Bei dieser dem Status quo so freundlichen Gesinnung
konnte Sachs wohl nur in akzidentiellen, für das Funktionieren des parlamentarischen Systems nebensächlichen Punkten
einen aktuellen „Reformbedarf" bejahen. Aber auch was Dolzer erklärtermaßen zur Stärkung des parlamentarischen Systems als Reformbedarf anmeldet, nimmt sich eher bescheiden
aus; so gehen dessen Vorschläge über eine im Umfang offen
gelassene Rückübertragung von Gesetzgebungskompetenzen
auf die Länder und eine ebenfalls nicht präzisierte Reduzierung der bundesrätlichen Zustimmungsrechte nicht hinaus[56].
Beim typischen hohen Anteil der Zustimmungsgesetze an der
Gesamtheit der Bundesgesetze von wenigstens fünfzig Prozent wäre freilich ein dauerhaftes Herunterdrücken dieses An-
teils unter jenen Prozentsatz ganz sicher nicht nur ein Tropfen
auf den heißen Stein, durchsetzen ließe sich diese Umkehr,
wenn überhaupt, aber nur in einer Sternstunde der föderativen
Parteiendemokratie. Sachs lehnt eine quantitative Einschränkung des Zustimmungserfordernisses kurzerhand als im
Grunde überflüssig ab, da die Regierungsmehrheit dem Aktu-

---

52 Ebd., S. 38 Ziff.25.
53 Vgl. ebd., S. 44, 78 Ziff.3.
54 Ebd., S. 76.
55 Ebd., S. 77.
56 Vgl. ebd., S. 32 f., 38 Ziff.27.

ellwerden des praktisch besonders wichtigen Zustimmungserfordernisses in den Art. 84 Abs. 1, 85 Abs. 1 GG[57] ohne weiteres durch den Verzicht auf gesetzliche Übergriffe in Organisation und Verfahren der Landesverwaltungen ausweichen könnte, ohne von der Verwirklichung ihres sachlichen Programms Abstand nehmen zu müssen[58]; ob ernsthaft mit der Bereitschaft der in der Regel die Gesetze einbringenden Bundesregierung zu solcher doch wohl höchst riskanten Zurückhaltung, die theoretisch die Inkaufnahme von sechszehn landesverschiedenen Regelungen bedeuten könnte, gerechnet werden kann, steht freilich noch mehr als die Bereitschaft zu einem Abbau der Zustimmungsgesetzgebung in den Sternen. Bezeichnenderweise lehnt Sachs andererseits eine Erweiterung der Zustimmungsgesetzgebung auf alle den Ländern Kosten verursachenden Gesetze ebenfalls ab, weil sie der vom Grundgesetz nicht gewollten Gleichstellung des Bundesrats mit dem Bundestag in der Gesetzgebung „zu nahe" käme[59].

Beim engen Spielraum für eine systemkonforme Verfassungsreform konnten Dolzer und Sachs der Frage nach einer Strukturreform des föderalen Organs schwerlich ausweichen. Ihre Stellungnahmen hierzu sind eindeutig. So lehnt nicht nur Sachs die von Art. 79 Abs. 3 GG nicht ausgeschlossene Senatsalternative zum Bundesrat ohne Wenn und Aber ab, auch Dolzer kann weder in der Ersetzung des Bundesrats durch einen gewählten Senat noch auch nur im Fallenlassen der einheitlichen Stimmabgabe einen Vorteil gegenüber der jetzigen Verfassungslage sehen. Allerdings räumt er ein, daß heute sachliche Gründe eher als 1948 / 49 für die Einführung eines direkt gewählten Senats als zweite Kammer sprechen könnten, so jedenfalls die faktische Annäherung der Stellung des Bundesrats an diejenige einer echten gleichberechtigten zweiten Kammer,

---

[57] Wenn Bundesgesetze in die den Ländern zustehende Einrichtung der Behörden und das Verwaltungsverfahren eingreifen.

[58] VVDStRL 58, S. 79 Ziff.14.

[59] Ebd., S. 80 Ziff.80.

4 Lösche

damit würde sich heute die Frage nach seiner zurechenbaren
Verantwortlichkeit „viel dringlicher als für den Parlamentarischen Rat" stellen[60]. Nichtsdetoweniger wird auch für Dolzer
die Beibehaltung des Bundesrats voll von der nur durch ihn
gewährleisteten, gerade unter den Bedingungen der heutigen
Parteiendemokratie unentbehrlichen Repräsentation des „Ele-
ments Land" gerechtfertigt[61]. In letzter Linie besteht die ver-
fassungspolitische Differenz zwischen Dolzer und Sachs nicht
in einer verschiedenen Bewertung der Kompetenz und Rolle
des Bundesrats, sondern darin, daß Dolzer eine verfassungsrechtliche Korrektur der Bundesrat und Verbundföderalismus
angelasteten Schwächung des parlamentarischen Systems –
Stichwort: „Verflüchtigung" der Verantwortlichkeit – für erforderlich hält, die allerdings offensichtlich unter der Schwelle
des Eingriffs in die Systemstruktur bleiben soll, Sachs hinge-
gen die Notwendigkeit und den Sinn einer solchen Therapie
bestreitet. Und zwar zum einen weil das Grundgesetz nicht
eine Priorität des Demokratieprinzips vor dem Bundesstaatsprinzip kennen würde[62], zum anderen weil ihm der heutige
Verbundföderalismus offenbar als die zeitgemäße Optimie-
rung der 1949 mit der Wiederaufnahme des Bundesratsprin-
zips getroffenen Verfassungsentscheidung für *checks and balances* und eine breit ausgefaltete Repräsentation gilt.

In der Aussprache über die Berichte von Dolzer und Sachs
wäre der Bundesrat sicher erheblich mehr unter Beschuß gera-
ten, wären die Berichte auch auf die Lage des parlamentarischen Systems in den Bundesländern eingegangen. Wird doch
auf der Ebene unserer Länder das parlamentarische System in
seiner gesamten auf die Feststellung der Verantwortlichkeit
zielenden Funktionsweise permanent durch den Bundesrat

---

[60] Ebd., S. 37 Ziff.20.

[61] Vgl. ebd., S. 26, 35 Ziff.6.

[62] Vgl. ebd., S. 78 Ziff.3: „Eine Parlamentssuprematie gegenüber dem Bundesrat ist aus dem Demokratieprinzip, das dem Bundesstaatsprinzip nicht vor-
geht, nicht zu begründen."

untergraben und überhaupt von deren Feststellung ferngehalten, so daß man sich auch in Anbetracht dieses Umstandes und nicht nur der vorwiegend verwaltenden Aufgaben unserer Länder fragen kann, ob es überhaupt für sie eine geeignete Regierungsform ist[63]. In der Aussprache wurde indessen das Absehen der Berichterstatter von der Problematik des Länderparlamentarismus nur ausnahmsweise kritisiert[64]. Und ebensowenig das Absehen von der zunehmenden „Europäisierung" der Parteiendemokratie. Daß die Referenten auch diese Problematik kurzerhand beiseite gelassen haben, hätten sie allerdings mit dem Verweis auf eine neue Jahrestagung der Vereinigung mit eben diesem Thema rechtfertigen können. Vollends wurde nicht in der Aussprache auf den verhüllten Tadel gleich zu ihrem Anfang, daß kaum in den Berichten von „Föderalismustheorie" die Rede gewesen wäre[65], zurückgekommen. Immerhin gab Dolzer mit einer Bemerkung im Verlauf der Aussprache die Berechtigung dieses Tadels unumwunden zu, fragt er doch bei dieser Gelegenheit fast beschwörend, „wie viel Föderalismus wir denn wollen, wieviel Einheitlichkeit denn notwendig ist und wie viele Unterschiede möglich sind"[66]. Im Grunde verlangte er damit nach einer zeitgemäßen Verfassungstheorie als Organon der Verfassungsinterpretation. Schon auf der Jahrestagung 1961 hatte Horst Ehmke, Mitberichterstatter zum Thema „Prinzipien der Verfassungsinterpretation", eine solche Theorie mit eben diesem Ziel gefordert[67], die Forderung ist nach wie vor hochaktuell[68]. Noch

---

[63] Diese Frage hat Wilhelm Hennis schon 1958 gestellt: Parlamentarische Opposition und Industriegesellschaft, wiederabgedruckt in dessen Aufsatzsammlung: Regieren im modernen Staat, 1999, S. 1 ff., S. 12 ff.

[64] Die Ausnahme ist der Diskussionsbeitrag von Hans Meyer; vgl. VVDStRL 58 (1999), S. 114 f. Sachs wies in der Aussprache, S. 108 auf die Möglichkeit der Direktwahl der Ministerpräsidenten in den Ländern hin, deren Einführung allerdings nur durch übereinstimmende Landesgesetze bewerkstelligt werden kann; auch darauf wurde von anderen Rednern in der Aussprache nicht zurückgekommen.

[65] Ebd., S. 82 (Daniel Thürer).

[66] Ebd., S. 102.

immer hat die Vereinigung das Thema „Aufgaben und Metho-
dik der Verfassungstheorie" nicht auf die Tagesordnung einer
ihrer Versammlungen gesetzt.

## III.

Abschließend sollte noch gefragt werden, was für die vorstehend in den Blick genommenen fachwissenschaftlichen Verhandlungen im Ganzen als bezeichnend gelten kann. Ein
nichtjuristischer Beobachter derselben wird es wohl vor allem
für bemerkenswert halten, daß es in ihnen aufs Ganze gesehen
nicht um Verfassungsexegese geht. In der Tat steht das Verständnis der Sache „Parlamentarisches Regierungssystem"
weit mehr im Vordergrund. So ist das parlamentarische Regierungssystem auf zwei Jahrestagungen der Vereinigung voll
und ganz das Verhandlungsthema: 1957 „Parlament und Regierung im modernen Staat", 1974 „Das parlamentarische Regierungssystem des Grundgesetzes", wie wenn es sich um einen Politologenkongreß handelte. Aber auch soweit das Verhandlungsthema das parlamentarische Regierungssystem unter einem speziellen Aspekt ist: 1998 „Das parlamentarische
Regierungssystem und der Bundesrat", geht es nicht primär
um juristische Auslegungsfragen. Nur in den Berichten auf
der Jahrestagung 1949 stehen solche Fragen in der Tat im Vordergrund. Aber aus einem alsbald überholten Grund: Das
Grundgesetz ist erst wenige Monate alt und das neue Regierungssystem steht noch überhaupt auf dem Papier.

---

[67] VVDStRL 20 (1963), S. 71.

[68] Wieweit sich Götz Haverkates 1992 erschienene „Verfassungslehre" als
eine erfolgreiche Einlösung dieser Forderung erweisen wird, bleibt abzuwarten.
Eine Verfassungslehre Karl Loewensteins (1958) ist hauptsächlich eine nicht am
Grundgesetz orientierte politische Institutionenlehre und die Übersetzung eines Werkes aus dem Amerikanischen nicht mit diesem Titel. Dito gilt dies für
die Verfassungslehre von Ferdinand A. Hermens (1968).

Verwundern kann es nicht, daß in den vorstehend in den Blick genommenen fachlichen Verhandlungen, jene von 1949 ausgenommen, spezifisch verfassungsrechtliche Fragen nicht im Vordergrund stehen. Zunächst schon weil für die Gegenwart Parlamentarismus und parlamentarisches System eine ältere, konventionelle Schicht des Verfassungsrechts darstellen[69], deren Probleme im allgemeinen als geklärt gelten können. Sodann weil die bisherige stetige Entwicklung des grundgesetzlichen Regierungssystems verfassungsrechtliche Auseinandersetzungen vom Gebiet des Regierungssystems fernhalten mußte. Wie sehr dies konstatiert werden kann, wird schlaglichtartig davon erhellt, daß die organisatorische Struktur des grundgesetzlichen Regierungssystems bis heute kaum einmal der Gegenstand einer Entscheidung des Bundesverfassungsgerichts gewesen ist[70], dagegen Fragen zu Parteien und Wahlrecht, also sozusagen zur „Ambiance" des Regierungssystems durchaus häufig. In keinem anderen Punkt nimmt sich der für die Gesellschaft der Bundesrepublik kennzeichnende stabile Verfassungskonsens so einhellig aus wie der *forma regiminis*.

Aber auch noch aus einem anderen Grunde kann das Zurücktreten verfassungsexegetischer Fragen in den vorstehend in den Blick genommenen Verhandlungen zugunsten der Blickrichtung auf die Sache „Parlamentarisches Regierungssystem" nicht verwundern. Nämlich weil verfassungsrechtliche Regelungen nur begriffen sind, wenn der sie untersuchende Blick zwischen ihnen und der geregelten Sache hin und her wandert. Für verfassungsrechtliche Regelungen des Re-

---

69 Ähnlich Peter Badura, Parlamentarismus und parteienstaatliche Demokratie, Festschrift für Karl Michaelis, 1972, S. 9.

70 Die Entscheidungen zu Fragen des parlamentarischen Regierungssystems bis zur Mitte der Siebziger Jahre sind kommentiert bei Dietrich Rauschning, Das parlamentarische Regierungssystem des Grundgesetzes in der Rechtsprechung des Bundesverfassungsgerichts, in: Chr. Starck (Hrsg.), Bundesverfassungsgericht und Grundgesetz. Festgabe aus Anlaß des 25jährigen Bestehens des Bundesverfassungsgerichts, Bd. II, 1976, S. 214 ff.

gierungssystems gilt dies ganz besonders. Kodifizieren sie doch nicht das Regierungssystem, am wenigsten ein parlamentarisches, und vermögen ihm die Entwicklungsrichtung nicht vorzuschreiben, sondern legen es nur in wenigen charakteristischen Punkten fest. Häufig ist für die Entwicklung des Regierungssystems das von ihnen stillschweigend Vorausgesetzte wichtiger als das explizit Geregelte. Der Verfassungsjurist kommt mithin, wenn er sich mit Fragen des parlamentarischen Regierungssystems beschäftigt, gar nicht umhin, die Gesamtheit des Regierungssystems in den Blick zu nehmen.

So eindeutig die vorstehend in den Blick genommenen Verhandlungen diese allgemeine Erfahrung bestätigen, gehen sie doch in einer bestimmten Hinsicht dem Willen zur Sache nicht auf den Grund. Gemeint ist, daß sie im allgemeinen einer Auseinandersetzung mit den nation- und wissenschaftsgeschichtlichen Vorbelastungen für ein angemessenes Verständnis der heutigen Funktionsweise eines demokratisch-parlamentarischen Regierungssystems vermissen lassen. Von Vorbelastungen muß gesprochen werden, weil ein erheblicher Teil der bis heute gebräuchlichen staatsrechtlichen Begriffe nachweislich auf die spätkonstitutionelle Epoche zurückgeht und die damaligen politischen Verhältnisse im Zeichen der Vorherrschaft des monarchischen Prinzips und der Reduzierung des Parlaments auf ein bloßes Vertretungsorgan der Gesellschaft verallgemeinert, also unter heutigen politischen Verhältnissen kaum noch brauchbar sein kann. Nur in Friesenhahns großem Bericht auf der Jahrestagung 1957 ist das unzeitgemäße Fortleben der älteren staatsrechtlichen Begriffswelt aufs Korn genommen. Aber doch auch bei ihm nur ein Teilstück, das zudem keineswegs nur für die deutsche Sonderentwicklung vom monarchischen zum demokratischen Konstitutionalismus kennzeichnend ist: der ältere, das Hineinrücken des Parlaments in den Regierungsprozeß nicht antizipierende Gewaltenteilungsgedanke.

In gewissem Sinne spiegelt sich in den vorstehend in den Blick genommenen fachlichen Verhandlungen der Aufstieg der Politikwissenschaft in Deutschland nach dem Zweiten Weltkrieg wider. Friesenhahn konnte sich 1957 noch kaum auf eine gegenwärtige deutsche Politikwissenschaft berufen. 1974 ist eine solche in den Referaten von Oppermann und Hans Meyer schon laufend präsent. Allerdings kann z. T. an deren Referaten wie an jenen von 1998 ein nicht sachgemäßer selektiver Umgang mit den Arbeitsergebnissen der Nachbarwissenschaft kritisiert werden. So kann nicht nur festgestellt werden, daß üblicherweise politikwissenschaftliche Titel im Verhältnis zu Titeln der Fachzunft nachrangig zitiert werden, sondern daß auch ein politikwissenschaftlicher Titel nur untergeordneter Aussagen wegen zitiert sein kann, während dessen Hauptaussage, die für die vorgetragene Ansicht ganz offensichtlich ins Gewicht fällt, unerwähnt bleibt[71]. Wenn gelegentlich in der Aussprache die Fachgenossen pathetisch dazu aufgerufen sind, vermeintliche Terraingewinne der Politikwissenschaft auf Kosten der Staatsrechtswissenschaft unbedingt rückgängig zu machen[72], so ist allerdings ein solcher Aufruf die Ausnahme. Zwei bereits dreißig Jahre alte Diagnosen des Verhältnisses von Staatsrechtslehre und Politikwissenschaft[73], die den beiden Fachdisziplinen eine noch unbefriedigende Kooperati-

---

71 So ist in Dolzers Bericht Gerhard Lehmbruchs Studie „Parteienwettbewerb im Bundesstaat" (1976) mehrmals im Anmerkungsteil wegen ihrer Darstellung des bekannten Zustandekommens der Entscheidung für den Bundesrat im Parlamentarischen Rat erwähnt, dagegen nicht wegen Lehmbruchs Hauptthese von der tendenziellen Gegenläufigkeit von Parteiensystem und föderativem System, die den wesentlichen Einwand gegen Dolzers zu harmonisierende Deutung des Verhältnisses von Bundesrat und parlamentarischem System zum Ausdruck bringt.

72 So Klaus Stern in der Aussprache von 1974, VVDStRL 33, S. 126 f. „Ich halte es für notwendig, daß wir dieses Thema der Politikwissenschaft, die sich mit ihm fast ausschließlich oder vorwiegend befaßt hat, entreißen und erkennen, daß es sich um ein genuin verfassungsrechtliches Thema handelt..."

73 Von Dieter Grimm und Kurt Sontheimer in ihren Beiträgen zu dem von Grimm herausgegebenen Band: Rechtswissenschaft und Nachbarwissenschaften, 1973.

on bescheinigen, dürften im Ganzen und Großen auch heute noch nicht überholt sein.

Licht auf die allgemeine Lage der Staatsrechtswissenschaft in der Bundesrepublik lassen die vorstehend in den Blick genommenen fachlichen Verhandlungen nicht unbedingt fallen. Und zwar nicht nur weil es sich bloß um die Verhandlungen auf vier, zudem weit auseinanderliegenden Jahrestagungen der Fachvereinigung handelt. Wichtiger ist, daß das Regierungssystem eher nur ein Gegenstand am Rande der fachgenössischen Arbeit ist und erregendere Debatten im Fach, soweit solche festgestellt werden können[74], nicht über Strukturfragen des Regierungssystems gehen. Vor allem aber sind die hier beleuchteten Verhandlungen nicht dafür kennzeichnend, wie sehr die heutige Arbeit des Faches die Entscheidungen des Bundesverfassungsgerichts zu Stütze und Stab hat. Sie vermögen daher auch nicht vor Augen zu führen, was heute in letzter Linie über den Rang der Staatsrechtswissenschaft im geistigen und ordnungspolitischen Haushalt der Gesellschaft entscheidet, nämlich wieweit ihre Arbeit ein Beitrag zu rationaler Kontrolle der Tätigkeit des Bundesverfassungsgerichts, des Hüters der Verfassung, ist.

*Der Abhandlung liegt meine Abschiedsvorlesung an der Georgia-Augusta aus Anlaß meiner Emeritierung „Das parlamentarische Regierungssystem des Grundgesetzes im Lichte der Staatsrechtslehre" zugrunde.*

---

[74] Solche Debatten hat immerhin das Fach in der Frühzeit der Bundesrepublik erlebt. Beispiele sind der zwischen Horst Ehmke und einigen neoliberalen Autoren ausgetragene Streit um die „Wirtschaftsverfassung" des Grundgesetzes oder das kritische Echo auf Ernst Forsthoffs These von der Auflösung der rechtsstaatlichen Verfassung. Die umfassende Rekonstruktion der Wirtschaftsverfassungsdebatte stammt von einem Politikwissenschaftler: Hans-Hermann Hartwich, Sozialstaatspostulat und gesellschaftlicher Status quo, 1970.

# Symposium

## Zur Lage des deutschen Regierungs- und Parteiensystems

Geladene Teilnehmer

Prof. Dr. Wilhelm Hennis
Prof. Dr. Eckhard Jesse
Dr. Uwe Jun
Prof. Dr. Peter Lösche (Moderation)
Prof. Dr. Wolfgang Rudzio
Prof. Dr. Michael Stolleis
Prof. Dr. Franz Walter

Zu weiteren Rednern in der Diskussion
siehe Teilnehmerverzeichnis.

*Lösche:* Zu dem Symposium, das das Seminar für Politikwissenschaft im Anschluß an die Abschiedsvorlesung von
Herrn Friedrich veranstaltet, haben Sie, Herr Friedrich, im
Vorfeld den Wunsch geäußert, daß es thematisch sehr breit angelegt werden möchte. Ich habe diesen Wunsch auch und
nicht zuletzt so verstanden, daß Sie mit anderen hier in der Fakultät und am Seminar für Politikwissenschaft noch weiter in
die Zukunft gehen wollen.

Es geht um die Lage des deutschen Regierungs- und Parteiensystems. Hier sitzt ein Kollegium aus Politikwissenschaft-
lern und wenigstens einem Staatsrechtler, und wir nehmen in
der Zusammensetzung dieses Kollegiums das auf, was Sie,
Herr Friedrich, in einen argumentativen Zusammenhang am
Beispiel der Staatsrechtslehre zu bringen versucht haben. Ich
hatte zunächst beim Hören Ihrer Vorlesung den Eindruck, es
handele sich um zwei Welten, aber diese beiden Welten gehö-

ren doch zusammen. Wir werden jedenfalls, wie ich hoffe, sehen, wie anregend ein Staatsrechtslehrer sein kann, der auch politikwissenschaftlich argumentiert, und wir wissen von Ihnen als Politikwissenschaftler, wie anregend es ist, wenn Sie aus der Perspektive der Staatsrechtslehre argumentieren.

Es geht hier in diesem Symposium um die gegenwärtige Lage des deutschen Regierungs- und Parteiensystems. Bevor ich einige einleitende Bemerkungen zu diesem Thema mache, möchte ich Herrn Oberreuter, der, da erkrankt, am Kommen verhindert ist, entschuldigen; er sendet an die Versammlung, insbesondere Herrn Friedrich, seine besten Wünsche.

Ich habe den Eindruck, daß in der Verfassungswirklichkeit die gegenwärtige Situation des deutschen Parlamentarismus von einem System geprägt ist, das man zugespitzt als solches der *checks and balances* bezeichnen könnte. Ich benutze bewußt diese Formulierung, sie erscheint mir prägnanter als die Rede von der Politikverflechtungsfalle und Reformunfähigkeit unseres politischen Systems, Umschreibungen, die wir üblicherweise schnell gebrauchen, wenn wir vom augenblicklichen Zustand unseres Regierungssystems sprechen. Wenn man sich Gewaltenteilung, Gewaltendiffusion und vor allem auch Gewaltenverschränkung in unserem politischen System ansieht, denke ich, daß wir uns durchaus dichter am präsidentiellen Parlamentarismus der Vereinigten Staaten befinden als am parlamentarischen Parlamentarismus des Westminster-Modells mit den *Ins* und den *Outs* und der formell ungeheuer starken Stellung des Premierministers, der natürlich von der Parlamentsmehrheit abhängig ist, von der eigenen Fraktion – was Margaret Thatcher bitter erfahren hat. Aber natürlich ist das auch das Problem unseres Bundeskanzlers.

Die Gewaltenfragmentierung – horizontal wie vertikal nach üblicher Terminologie – wird in unserem politischen System, wenn es darum geht, Kompromisse zu schließen und Konsens zu erreichen, durch die Parteien sowohl überbrückt wie erst hergestellt. Wenn man sich unsere Parteien ansieht, fällt zunächst an ihnen die große Stabilität und Kontinuität ins Auge – nicht nur im Vergleich zu Italien, sondern auch zu Frankreich, den Beneluxländern oder Skandinavien. Die ruhige Oberfläche unseres Parteiensystems täuscht aber doch. So haben auch wir strukturelle Veränderungen des Parteiensystems neueren Datums zu verzeichnen, die ich kurz andeuten möchte. Nicht nur meine ich, daß die Grünen als ökologische Partei gesellschaftliche Interessen so zu vertreten haben, daß dieselben kontinuierlich eine Vertretung im Bundestag und in einer Reihe Landtage besitzen, sondern es geht mein Eindruck – zugespitzt formuliert – auch dahin, daß sich die traditionelle Spaltung des deutschen Liberalismus sozusagen hinter dem Rücken der Akteure nochmals wiederhergestellt hat, nämlich indem die Grünen sich zu einer eher sozialliberalen Partei transformiert haben, die stärker in der Tradition des alten Freisinns steht als in der Tradition dessen, was im Augenblick über die 68er-Generation diskutiert wird. Dies ist eine der jüngsten Veränderungen unseres Parteiensystems; die PDS als starke, nach allem Anschein fester als alle unsere anderen Parteien sozial verwurzelte Regionalpartei, also die Differenz zwischen den Parteiensystemen in Ost- und Westdeutschland, die nicht mehr als vorübergehend angesehen werden kann, ist eine andere. Aber auch die beiden großen Parteien haben sich fundamental verändert: Sie sind dabei, Abschied zu nehmen von dem, was wir früher, wohl eher unkritisch, als „Volksparteien", Mitglieder- *und* Funktionärsparteien bezeichnet haben. Es geht nicht nur um die Erosion der Milieus der traditionellen Parteien. Vielmehr entsteht offensichtlich ein neuer Parteitypus, der in der Literatur unterschiedlich begrifflich gekennzeichnet wird, den man aber doch mit übereinstimmenden Stichworten wie Wandel zur „Medienpartei" umschreibt, was offenbar jedenfalls heißen soll: Kommunikation innerhalb der Partei / Parteien findet statt über die Medien, nicht mehr oder zumindest nicht mehr primär über das traditionelle Delegier-

tensystem. Wir haben es mit einer Machtverschiebung innerhalb der Parteien von der Parteiorganisation zur Fraktion, zur
*party in government* oder *party in public office* zu tun – auch
organisatorisch und namentlich finanziell. Die Parteisteuern
der Abgeordneten und derjenigen, die in *public office* sind,
sind für den Wahlerfolg der Partei gegebenenfalls mindestens
so wichtig wie die Beiträge der Parteimitglieder, zumal dann,
wenn man die Hand- und Spanndienste der Mitarbeiter der
Abgeordneten miteinbezieht, die heute das eigentliche organisatorische Rückgrat der Parteien sind. Die Parteien sind zunehmend zu offiziellen Dienstleistungsorganisationen geworden, die vor allen Dingen zweierlei Dienstleistungen erbrin-
gen: Teilnahme an Wahlen – d. h. auch und zumal Nominierung der Kandidaten – und Mitwirkung in den Verfassungsinstitutionen, also den Parlamenten, Kabinetten, Selbstverwal-
tungs- und Kommunalorganen. Damit stellt sich die Frage, ob
wir mit dem traditionellen Parteibegriff überhaupt noch operieren können oder ob wir nicht in Anlehnung an angelsächsische Diskussionen und an die amerikanische Begrifflichkeit
Partei begreifen müssen als *a party is to elect*, d. h. sie hat an
Wahlen und Elitenrekrutierung teilzunehmen, und als *a party
is to govern*, d. h. sie hat zu regieren oder mitzuregieren. Wenn
man von einem solchen breiten Parteibegriff ausgeht, ist zu
fragen, ob diese Art von Partei noch die traditionellen Partei-
funktionen wahrnimmt, die wir in unseren Lehr- und Hand-
büchern den Parteien zuzuschreiben pflegen.

Kurzum: Kontinuität scheint mir die Funktion der Parteien
im politischen System am bündigsten zu beschreiben, und insgesamt gibt es trotz allen Wandels auch Kontinuität im Parlamentarismus der Bundesrepublik. In den politischen Feuilletons ist allerdings und schon seit Jahr und Tag von Parteien-
verdrossenheit, von Krise der Parteien, überhaupt von Krise
des Parteiensystems die Rede. Ich finde dem gegenüber, daß
der große Beitrag der Parteien zur Stabilität des parlamentarischen Regierungssystems überhaupt nicht unterschätzt wer-

den kann und es in Anbetracht desselben – ich spitze bewußt zu – überhaupt keinen Anlaß gibt, von einer Krise der Parteien oder gar von einer Legitimationskrise des parlamentarischen Regierungssystems der Bundesrepublik zu reden.

Wir, die zur Teilnahme am Symposium Eingeladenen und meine Person, haben uns verständigt, in welcher Abfolge wir unsere Kurzbeiträge liefern wollen. Danach hat zunächst Herr Walter als Opponent innerhalb der Göttinger Parteienforscher das Wort.

*Walter:* Kurz vorweg: Es heißt immer: „Lösche / Walter", als ob das eine Symbiose wäre. Ich muß hinter diese Annahme ein großes Fragezeichen setzen.

Ich kann verstehen, daß man, wenn man Herr Lösche ist, nicht mehr von „Krise" sprechen möchte, nämlich wenn man so lange „die" Krise ausgerufen hat, genauer: die Krise der Volksparteien – wie dies etwa eintausendzweihundert andere Pamphlete der Politologie in den achtziger und neunziger Jahren ebenfalls gemacht haben. Wenn die Volksparteien bis heute noch immer nicht verschwunden sind, dann wirkt es wohl irgendwann einmal ein bißchen überspannt oder diskreditierend, wenn man im Jahr 2001 immer noch deren Nieder- und Untergang beschwört. Der Mainstream der Politologie ist daher anders geworden: In den achtziger Jahren gab es sehr viel, zu viel Krisenrhetorik, was dann irgendwann vorbei war, zumal ja schon die Journalisten Woche für Woche die Krisentrompete umstandslos bliesen. Da wir, ich meine die Politologen, die Journalisten nicht so recht mögen, müssen wir uns schon überlegen, warum das, was die Leitartikler täglich als „Krise" herausposaunen, nicht mehr so stehenbleiben kann. Wir, die Politologen, reden infolgedessen nunmehr höchstens über strukturelle Probleme, nicht mehr über Krisen. Wenn man sich das Parteiensystem anschaut, dann ist es ja auch ganz richtig, daß dieses System trotz aller Krisenrhetorik in den Gazetten nicht durcheinandergeschüttelt worden ist. Und wenn man die Dinge in der langen Perspektive sieht, ist bekanntlich unser Parteiensystem in seinen großen Lagern im letzten Drittel des 19. Jahrhunderts entstanden und hat sich seither in 130 Jahren in den großen Umrissen nicht wirklich umstürzend geändert, allenfalls vielleicht mit Ausnahme der Integrierung der Grünen – trotz aller Krisen, aller politischen Zäsuren, aller ökonomischen Depressionen, aller Modernisierungsschübe, aller Systemwechsel. Das nun ist allerdings erklärungsbedürftig.

Wenn man sich Parteien unter der Binnenperspektive anschaut, dann haben auch sie, richtiger ihre Führungen, die in den letzten zehn, fünfzehn Jahren immer wieder angestimmten Krisenarien kräftig mitgesungen. Dabei hätten sie eigentlich eine gegenläufige Erfahrung machen können: Die medial inszenierten oder verstärkten Krisen gingen vorüber, und am Ende hatte sich für die Parteien überhaupt nichts nennenswert geändert, also die Strukturen, die Kräfteverhältnisse wurden nicht umgestürzt. Das ist die eine Erfahrung; und die andere ist, daß die Parteien feststellen mußten, daß es möglicherweise zwanzig Prozent weniger aktive Wähler, die noch ihre Zettel in die Urnen werfen, als bisher gibt, aber die Einflußkanäle der Parteivertreter haben sich deshalb nicht entsprechend minimalisiert, d. h. man schickt weiterhin seine Leute im gleichen Umfang in die Parlamente, die Regierungen, die Rundfunkräte, die Energieversorgungsunternehmen und in die Verwaltungen. Man weiß auch, daß die Staatsgelder, die Alimentation genauso fließen wie vorher. Insofern gibt es für die Parteien nicht die Erfahrung des Einflußverlustes, insofern könnte man im Grunde Entwarnung geben: Das Parteiensystem ist ganz offenkundig intakt.

Der zweite Punkt, warum Entwarnung gegeben werden kann, ist die tröstende Funktion des deutschen Föderalismus. Es gibt im deutschen Parteiensystem nicht die Erfahrung, daß eine Partei insgesamt in das Nichts fällt wie in Großbritannien, wo eine Regierungspartei, die abgewählt wird, in die totale Opposition stürzt. Bei uns ist vielmehr die Partei, die in die Opposition kommt, nach aller Regel relativ schnell wieder durch Regierungsbeteiligung in den Ländern wenigstens etwas für den Verlust der Regierungsmacht in Bonn / Berlin entschädigt. In den siebziger Jahren war das die Erfahrung der CDU, in den späten achtziger und neunziger Jahren die der Sozialdemokraten, 1999 wieder die der CDU. Insofern müssen die Parteien sich nicht permanent in einer Krise fühlen; es gibt keinen Leidensdruck. Insoweit hat Herr Lösche Recht, in allen anderen Punkten hat er nicht Recht.

So, erstens, schon nicht, wenn man sich die Binnenperspektive der Parteien noch einmal ansieht und dann etwa ins Auge faßt, wie Herr Müntefering augenblicklich handelt, d. h. der Generalsekretär einer Partei, die gerade an die Regierung gekommen ist, der gern und ausgesprochen auf Tempo drückt, um eine Parteireform zu erreichen, ja dieses Ziel geradezu übereilt verfolgt. Aller Erfahrung nach machen Parteien, jedenfalls wenn sie gerade an die Regierung gekommen sind, ihre Reform nicht zu diesem Zeitpunkt. Denn sie haben andere Instrumente zur Stabilisierung ihrer eigenen Klientel oder zur Durchsetzung ihrer Politik als eine Parteireform. Die Tatsache, daß eine Regierungspartei jetzt eine Parteireform machen will, zeigt, wie bedenklich Herr Müntefering Zustand und Zukunft seiner Partei bewertet.

Zweitens: Die Altersstruktur der Parteien – das findet man in allen Zeitungsartikeln und natürlich auch in den Beiträgen von Herrn Lösche – ist äußerst uneinheitlich, d. h. diejenigen, die über 80 sind, sind etwa in der SPD weitaus stärker vertreten als diejenigen unter 25. Die Sozialstruktur der Mitglieder in allen Parteien erinnert an die Sozial- und Gesellschaftsstruktur der sechziger und siebziger Jahre, spiegelt aber nicht die Gesellschaftsstruktur des Jahres 2001 wider und antizipiert erst recht nicht die möglichen Gesellschaftsstrukturen des Jahres 2010.

Drittens: Es ist bemerkenswert, wie schwer sich zur Zeit unsere Parteien mit dem Generationswechsel tun. Plötzlich rutschen ganze Generationen weg wie jetzt bei der CDU-Elite, die ganz offenkundig nach dem Wechsel in die Opposition noch am Lernen, Probieren und Üben ist, was eigentlich politische Führungen bereits hinter sich haben sollten. Die jungen CDU-Eliten werden ihr Handwerk in drei oder vier Jahren möglicherweise lernen. Aber das ist noch ein langer Prozeß, den in früheren Jahrzehnten fähige Parteiführungen nicht mehr zurückzulegen brauchten und der bei denselben auch eher kontinuierlich abgelaufen ist. Die Sozialdemokraten werden ihn noch bekommen, denn diejenigen, die hier jetzt die Hebel in der Hand haben, sind die, die die Sozialdemokratische Partei 25 Jahre dominiert und in dieser Zeit keine andere Generation zugelassen haben. Diese sind 1998 eigentlich im letzten Moment – lebensgeschichtlich gesprochen – an die Regierung gekommen und gleichzeitig schon verschlissen, nämlich die Generation der sogenannten 68er, die Schröder-Generation. Am Beispiel von Engholm, Hauf oder Lafontaine wird dies handgreiflich, diese Leute sind inzwischen vom Fenster weg. Wenn nun der Kanzler in einigen Jahren ebenfalls abtreten sollte, kommt über zwei Generationen nicht mehr viel. Die Leute zwischen 35 und 55 werden fehlen, es kommen dann schon diejenigen, die heute etwa 25 oder 30 sind – in erster Linie die Kofferträger und Redenschreiber der Generation Engholm –, die aber kein eigenes Gepräge, keinen Leitwolf, keine eigene Semantik, keine eigene spezifische Botschaft haben. Dieser Generations- und Führungswechsel kommt zumindest partiell wahrscheinlich schon zur Mitte der nächsten Legislaturperiode, d. h. er kommt zu früh.

Was heute die Parteimanager, einen Müntefering und andere, umtreibt, ist, daß die laufend zu hörenden Krisenarien die Parteien sehr schnell – schneller als in den fünfziger, sechziger und wohl auch noch siebziger Jahren – in die Knie gehen lassen. Sie haben kein autonomes Selbstbewußtsein, keine autarke Identität mehr, nichts, was man als Form der Krisenresistenz für sie bezeichnen könnte, von der es in früheren Jahrzehnten zumindest ein wenig mehr gegeben hat. Das scheint mir das noch zu wenig zur Kenntnis genommene Problem zu sein, weshalb ich es noch an vier typisch strukturellen Sachverhalten deutlich machen möchte:

Erstens: Ich glaube, daß der hauptsächliche Grund, weshalb die heutigen Parteien so schnell einknicken und so matt, so ziellos wirken, das Fehlen dessen ist, was man vormals Kernbotschaften, Sinnentwürfe oder Projekte genannt hat. Lösche und ich haben in früheren Tagen dieses Defizit nicht so recht ernstgenommen. Inzwischen finde ich das nicht mehr so richtig, da es ganz offenkundig diese großen, manchmal regelrecht transzendentalen Sinnbotschaften sind, die überhaupt erst Parteien konstituieren, also dazu geführt haben, daß sich Individuen zu Gruppen assoziieren und sich als solche fühlen. Wenn wir uns fragen, warum es Parteien seit etwa 130 Jahren gibt, dann hat das mit diesen großen Sinnbotschaften zu tun, die in der jeweiligen aktuellen Gegenwart nicht zu realisieren gewesen sind, also den Anlaß ihrer Entstehung überdauerten, Zäsuren und Einbrüche aushielten – das ist den Parteien verloren gegangen. Die Sinnbotschaften waren noch bis in die frühen neunziger Jahre der Antriebsstoff dafür, daß überhaupt irgendwelche Mitglieder sich in Parteiorganisationen die Zeit nahmen, daß sie Samstag für Samstag ihre Tapeziertische in den Einkaufspassagen aufstellten und mit irgendwelchen Neurotikern diskutierten. Um das zu ertragen, muß man schon den Eindruck haben, daß man für eine bessere Sache ficht. Doch diese Sinnbotschaften sind weg. Bei der CDU beispielsweise waren das früher die Nation, der Antisozialismus, die Heimat oder die Religion, bei den Grünen Ökologie, Gewaltfreiheit und Basisdemokratie, bei den Sozialdemokraten Wirtschaftsdemokratie, Lenkung der Investitionen oder auch eine „entspannte" Gesellschaft. Diese Dinge sind inzwischen trivial geworden, verblaßt, diskreditiert oder eben erreicht und abgehakt; jedenfalls sind sie kein Antriebsstoff mehr.

Zweitens: Nun könnte man ja verbrauchten Sinn durch frischen neuen ersetzen. Aber Sinnproduzenten, man kann sie auch Programmatiker nennen, fehlen. Es gibt keinen programmatischen Nachwuchs mehr in den Parteien, was natürlich nicht nur parteiendogen zu erklären ist: Denn schließlich fehlen längst schon die großen homogenen Soziallagen und gesellschaftsweiten Mentalitätsgemeinschaften, aus denen solche stringenten Formen von Botschaften oder Programmen in letzter Linie entstehen. Ein anderer Punkt in diesem Zusammenhang ist, daß man in einer inzwischen so hochmobilen Gesellschaft bei der Ausarbeitung von Programmen natürlich weiß, daß sich die meisten Maximen nach wenigen Jahren wieder erledigt oder gar blamiert haben. Aber vor allem dürfte das Schielen auf das, was man die Mediengesellschaft nennt, gerade den Parteiennachwuchs frustrieren – Mediengesellschaft prämiert bekanntlich Bilder, Personalisierung, Dramatisierung, Spannungswerte; Programme dagegen enthalten Buchstaben, Begriffe, Abstraktionen, allenfalls wenn sie gut sind Intellektualität. Frühere Politiker haben noch versuchen können, die Mehrheitsverhältnisse in ihrer Partei und im Land überhaupt mit einer Programmrevision neu durchzuschütteln, als Voraussetzung ihres Anspruchs, die Partei oder das Land zu führen. Helmut Kohl beispielsweise war nie ein Programmatiker, er verlangte aber in seiner Aufstiegsphase zu Beginn der siebziger Jahre, daß neue Programme unter seiner Leitung zu machen wären.

Drittens: Wenn aber Sinn nicht mehr wichtig ist, lohnt es sich auch nicht mehr, über Sinn zu streiten. Daß es keine erheblichen und leidenschaftlichen Debatten über Sinnprojekte mehr gibt, ist mithin ebenfalls charakteristisch geworden. Es gibt lediglich Debatten über Personalpolitik oder darüber, ob ein Plakat gelungen ist oder nicht. Das spezifische politische Ethos aber spielt keine Rolle mehr. Und es gibt auch nicht mehr Flügel wie in den siebziger Jahren, die wir möglicherweise überschätzt haben, die aber programmatisch gefärbte Kontroversen mit Verve austragen konnten. Flügel sind inzwischen nur noch Instrumente für die Personalauswahl und für Geselligkeitsrunden von irgendwelchen Veteranen, nicht mehr das Forum für die Politikformulierung.

Wenn man sagt, daß es auf die Elitenrekrutierung ankomme, muß man hinzunehmen, daß ohne Streit auch die Elite degenerieren muß und die Rekrutierung für das Parlament verkümmert. Geeigneter Führungsnachwuchs entsteht nur in messerscharfen Konflikten, in harten Debatten, in wilden Feldschlachten oder auch im Chaos. Führung entsteht im Chaos, nicht auf dem Wege der Ochsentour. Dies fehlt alles heute, und deshalb sind die jungen Abgeordneten im Bundestag zu einem Gutteil so erbarmungswürdig unkantig. Ihnen fehlt diese Sozialisationserfahrung, die der derzeitige Bundeskanzler noch hat: Er ist intrigengestählt, schlitzohrig und instinktsicher, weil er eben diese wilden Schlachten geführt hat. Die Domestizierung der Parteien, ihre Entkonfliktualisierung ist also etwas, was auch die Elitenrekrutierung am Ende schwächen muß.

Viertens: Wo es keine starken polarisierten Flügel mehr gibt, gibt es scheinbar merkwürdigerweise auch keine starken Parteiführungen mehr. Wir haben immer in den siebziger und achtziger Jahren geglaubt, daß starke Flügel Führung schwächen würden. Ich glaube das inzwischen nicht mehr, weil gerade kräftige Flügel auch qualitativ hochwertige, moderierende Führung anfordern können. Wo es starke Flügel gibt, dort ist Integration und Moderation eine hohe politische Kunst, wozu man friedenstiftende Fähigkeiten braucht, weil man bündeln können und über Vertrauen in sehr verschiedene Kulturen, Generationen und politische Ansichten verfügen muß. Wer diese Kunst nicht beherrscht, kann nicht führen. Deutlich wurde dies in den siebziger Jahren an Willy Brandt, der dank einer schillernden Biographie und in Ringen gewachsener Lebenserfahrung tatsächlich noch mehrere Kohorten und politische Perspektiven zusammenhalten konnte. Da sein Kanzlernachfolger Helmut Schmidt – der immer nur der Mann *einer* Generation, *einer* Richtung und *einer* Mentalität war – dazu nicht in der Lage war, kam er für die Führung der Partei nicht in Frage.

Wir erleben aktuell das Fehlen von Parteiführern. Weder Angela Merkel noch Gerhard Schröder noch Wolfgang Gerhardt usw. sind Parteiführer. Ein Parteiführer hat die Aufgabe, junge Prätorianergarden zu sammeln, die sich in irgendeiner enthusiastischen Weise für ihn in die Schlacht werfen, die eine Menge Konzepte ausarbeiten, die Minenhunde sind. Hinzu kommt natürlich Kraft zur Moderation, aber auch die Fähigkeit, eine heterogene Partei auf zwei oder drei zentrale Punkte hin zu sammeln und zu orientieren. Dies muß der Parteiführer aus dem Traditionsstoff einer Partei machen, um sie dann in zwei oder drei Schritten nach vorn zu bringen. Dies hat Gerhard Schröder jedenfalls mit dem Schröder-Blair-Papier falsch gemacht, als er die neuen Postulate nicht mit den alten Basis- und Kernissues verband, was Parteien aber brauchen. Führung heißt letztendlich mehr als Integration, nämlich auch Herstellung von politischer Identifikation, ohne die Führung nachhaltige Bindungen nicht erzeugen kann.

Ebendies ist verloren gegangen, und deshalb sind Parteien gegenwärtig so labil, so schnell aus der Fassung zu bringen. Sie haben in ihrer Bangigkeit vor der Mediengesellschaft ihr Selbstbewußtsein verloren, ihr spezifisches Ethos und dadurch auch die Achtung der Gesellschaft eingebüßt. Das ist möglicherweise noch keine Krise, aber doch, um im mainstreamigen Politologenjargon zu bleiben, ein strukturelles Problem.

*Lösche:* Herr Jesse, gibt es Wandel und vielleicht gar revolutionäre Veränderungen der Parteien?

*Jesse:* Herr Lösche, Wandel gibt es, aber keine revolutionären Veränderungen – und keine Krise des Parteiensystems. Wir haben 1987 jeder ein Buch herausgebracht, dessen Titel je-

weils lautete: „Parteien in der Krise". Bei mir war noch ein
Fragezeichen dahinter. Ich gehöre zu denen, die von dem
landläufigen Krisengerede nie etwas gehalten haben. Obwohl
ich von der „erweiterten Bundesrepublik" spreche und nicht
von der „neuen Bundesrepublik", glaube ich, daß ein Wandel
des Parteiensystems bevorsteht oder schon im Begriff ist, sich
zu vollziehen – bezogen auf das Koalitionsgefüge. Bevor ich
die komfortable Situation der sozialdemokratischen Regierungspartei und die schwierige der oppositionellen Unions-
parteien aufzeige, möchte ich kurz fragen, in welchem Zusammenhang dieser Wandel zu dem Phänomen steht, das Manfred
Friedrich im Jahre 1962 in seiner Schrift „Opposition ohne
Alternative" zur Sprache gebracht hat – die mögliche Chan-
cenlosigkeit einer parlamentarischen Opposition im Wohlfahrtsstaat, eine These, die seinerzeit viel erörtert worden ist
und heute nach wie vor aktuell ist.

Nach dem Politikwissenschaftler Ekkehart Krippendorff –
auch dessen Überlegungen stammen aus dem Jahre 1962 –
blieben der Opposition zwei Möglichkeiten. Wenn die Oppositionspartei das System als grundsätzlich akzeptabel für alle
Schichten der Bevölkerung ansehe, dann habe sie ihre Exi-
stenzberechtigung verloren. Sie stehe vor folgenden Konsequenzen: Eintritt in die Regierung als „Juniorpartner", um
wenigstens an der Macht zu partizipieren; Sichabfinden mit
der permanenten Oppositionsrolle; Selbstauflösung. Gelangt
die Oppositionspartei dagegen zu der Überzeugung, eine ge-
rechte Befriedigung aller Bedürfnisse innerhalb des Systems
sei nicht möglich und eine grundlegende Umgestaltung dem-
zufolge vonnöten, so müsse sie sich die Interessen der Benach-
teiligten zu eigen machen. Das Ende des Parteienstaates – so
die kühne Argumentation des Autors – trete umso früher ein,
je weniger die Opposition das gesamte System prinzipiell in
Frage stelle.

Manfred Friedrich hat weitaus differenzierter als Krippendorff die Tendenzen des modernen Wohlfahrtsstaates analy-

siert. Dieser lähme die Parteienkonkurrenz – z. B. durch die
Zusammenarbeit der Regierung mit den Interessengruppen,
die die parlamentarische Opposition schwäche. Die parlamentarische Opposition könne – mit Aussicht auf Erfolg – keine
ernsthaften Alternativen bieten. Soziale und weltanschauliche
Spannungen müssen sich in einer Wohlstandsgesellschaft re-
duzieren. Es gehe nicht mehr um ein Entweder-Oder, sondern
um ein Mehr-oder-Weniger. Sozialwissenschaftliche Erkenntnisse können die politisch Verantwortlichen nicht vor Fehlent-
scheidungen bewahren. Damit zieht er aus der Entwicklung
andere – treffendere – Konsequenzen als Krippendorff, der
sich bis zu der These von einer Selbstauflösung des Parteienstaates verstieg.

Auch wenn Friedrich den damals herrschenden Pessimis-
mus hinsichtlich der Rolle der parlamentarischen Opposition
teilte (und die Chancen für die Opposition angesichts kaum
durchgreifend steuerbarer Entwicklungen – der wirtschaftli-
che Wohlstand kann zuweilen schwere Rückschläge erleiden –
wohl nicht genügend betonte), so hat seine Analyse wichtige
Folgen wohlfahrtsstaatlicher Interventionspolitik eingefangen,
so namentlich die, daß sich in Wohlfahrtsstaaten Oppositions-
politik eher nicht auszahlt, wenn sie auf Konfrontation setzt.
Die Union war im Bund von 1969 bis 1982 in der Opposition,
nicht länger, eben weil sie bald und beharrlich die Konfrontation mit Kanzler und Regierung abgebaut hat, die SPD von
1982 bis 1998 und nicht länger, weil sie sich eher noch zielstre-
biger von der Konfrontation entfernt hat. Und wohl noch of-
fenkundiger ist die (Konsens-)Politik des derzeitigen Bundeskanzlers Schröder seit 1998 so angelegt, daß sich der Spielraum der Opposition für ein alternatives Vorgehen immer
wieder verengen muß. Die Union verficht heute wie schon in
ihrer Oppositionszeit Argumente von eben der Art, die ihr die
SPD in ihrer Oppositionszeit vorgehalten hat: Die Politik der
Regierung sei unsozial usf. Eine Tatsache wie der Verlust des
gewohnten Koalitionspartners für die Union läßt sich freilich

nicht mit den vor vier Jahrzehnten vorgebrachten Argumenten erklären.

Ich möchte Ihnen jetzt am Beispiel der Landtagswahlen am 25. März 2001 den möglichen Wandel des Parteiensystems vor Augen stellen. Die Wahlen in Rheinland-Pfalz und Baden-Württemberg sind langweilig und spannend zugleich. Langweilig sind sie, weil es keine spezifisch landespolitischen Themen gibt. Wir alle wissen, daß in Rheinland-Pfalz der Herausforderer Christoph Böhr dem Amtsinhaber Kurt Beck an Popularität klar unterlegen ist, nicht anders als in Baden-Württemberg Ute Voigt Erwin Teufel. Die Positionen der Parteien gehen ineinander über wie die Farben eines Regenbogens, sie sind sehr dicht benachbart. Das entscheidende Datum ist die Popularität des Ministerpräsidenten im Land, und damit ist eine Fortsetzung der einen wie anderen Regierungskoalition programmiert.

Gleichwohl ist die Wahl spannend wegen des Bündnis 90 / Die Grünen und wegen der FDP im Hinblick auf die Auswirkung auf den Bund. Entgegen der Konstellation in der Bundeshauptstadt sitzen in Rheinland-Pfalz die Grünen auf der Oppositionsbank, die Liberalen in der Regierung. Wie dieses Beispiel von Rheinland-Pfalz zeigt, hat die Partei der Grünen – vorläufig ? – bloß eine Option: die SPD. Die SPD jedoch hat zwei Optionen: die FDP und die Grünen. Wer eine Annäherung von Union und Grünen propagiert, nützt weder jener noch diesen, da die Positionen zu weit auseinander liegen.

Die FDP regiert in Baden-Württemberg mit der CDU, in Rheinland-Pfalz mit der SPD, und sie will diese Bündnisse fortsetzen und wird sie nach meiner Einschätzung auch fortsetzen können. Sollte die FDP in beiden Bundesländern besser als die Grünen abschneiden und sich damit als dritte Kraft behaupten, wäre dies ein wichtiger Schritt auf dem Wege zu einer größeren Eigenständigkeit, das Ziel des designierten Parteivorsitzenden Guido Westerwelle. Vor knapp einem Jahr war es sensationell, wie sich in Nordrhein-Westfalen die FDP, angetrieben von Jürgen Möllemann, von 4,0 auf 9,8 Prozent gesteigert hat, ohne sich vorher auf einen Koalitionspartner festgelegt zu haben. Möllemann hat das „Projekt 18“ in die Welt gerufen und sogar verkündet, daß er das Zwei-Stimmen-System abschaffen wolle, was ich als Politologe nur begrüßen könnte. Es ist offenkundig, daß die FDP sich von der CDU / CSU zu lösen versucht. Sie ist nicht mehr festgelegt auf die Rolle des kleinen Koalitionspartners der Union, sie hat eine doppelte Option.

Kurz: SPD und FDP haben je zwei Optionen, Union und Grüne nur je eine. Das hängt damit zusammen, daß die Bürger die Parteien folgendermaßen wahrnehmen: Links stehen Bündnis 90 / Die Grünen, dann kommt die SPD, die FDP, schließlich die Union. Die SPD kann sowohl mit den Grünen als auch mit der FDP koalieren, die FDP mit der SPD und der Union. Allerdings sehe ich ein großes Problem für SPD und FDP, was die Bundestagswahl 2002 angeht: Beide Parteien müssen sich meiner Ansicht nach *vor* der Wahl festlegen, mit wem sie koalieren wollen. Wenn sie nämlich in dieser Hinsicht keine klare Aussage treffen, besteht die Gefahr, daß der potentielle FDP-Wähler nicht weiß, ob die FDP mit der SPD oder der CDU regieren wird, er könnte sich dann gleich für SPD oder CDU entscheiden. Wir wissen, daß keine Partei eine so geringe Stammwählerschaft hat wie die Liberalen. Die Wechselwählerschaft ist besonders groß, was man auch am Stimmensplitting bei der letzten Bundestagswahl sieht: Die FDP hatte 6,2 Prozent Zweitstimmen und 3,0 Prozent Erststimmen, irgendwo dazwischen wird wohl der tatsächliche Anteil der FDP-Wähler liegen. Ohne eine klare Koalitionsaussage geht die FDP ein beträchtliches Risiko ein.

Wir hatten in den fünfziger und sechziger Jahren eine Asymmetrie des Parteiensystems zugunsten der Union, in den siebziger Jahren zugunsten der SPD, und 1983 begann wieder eine allerdings abgeschwächte Asymmetrie zugunsten der

Union. Aber da fortan die Partei der Grünen im Parlament vertreten war, entwickelte sich allmählich ein symmetrisches Parteiensystem. 1998 kamen erstmals die bisherigen Oppositionsparteien direkt durch das Wählervotum an die Regierung bzw. die bisherigen Regierungsparteien in die Opposition. Beim Regierungswechsel 1966, 1969 und 1982 blieb jeweils eine Regierungspartei in der Regierung – 1966 die Union, 1969 die SPD, 1982 die FDP. Ich sehe die Gefahr, daß eine neue Asymmetrie aufbricht, nämlich weil die Union für lange Zeit in die Opposition kommen könnte.

Der Verlust der FDP als natürlicher Koalitionspartner für die Union ist aber nur ein Szenario. Ein anderes Szenario sehe ich darin, daß die SPD eine weitere Oppositionspartei als stabilen Partner gewinnen kann. Am Tage der letzten Bundestagswahl wurde nämlich nicht nur einem ungefilterten Regierungswechsel im Bund der Weg geebnet, sondern auch einem Regierungswechsel in Mecklenburg-Vorpommern (von der CDU / SPD- zu einer SPD / PDS-Koalition). Zum ersten Mal in der Geschichte der Bundesrepublik gelangte damit eine Partei an die Regierung, deren demokratische Ausrichtung zumindest starken Zweifeln unterliegt. Peter Lösche hat schon auf die Chance oder Verlockung der SPD – je nach Perspektive – in den neuen Bundesländern zur Erweiterung ihrer Koalitionsoptionen hingewiesen. Was mich anbelangt, bin ich als Extremismusforscher nicht bereit, der PDS ein demokratisches Etikett, einen Persilschein, auszustellen. Die Indizien, die dafür nicht sprechen, sind zu eindeutig.

Bekanntlich vertritt die SPD die Auffassung, Koalitionen mit der PDS seien in den neuen Bundesländern möglich, nicht jedoch auf Bundesebene. Dieses Argumentationsmuster fußt auf einer machtpolitisch bedingten Inkonsequenz. Mir kann nicht einleuchten, wieso man für den Osten gutheißt, was man für den Westen mißbilligt. Wenn die PDS als demokratische Partei angesehen wird, muß man mit ihr im Osten, im Westen und auf Bundesebene koalieren können. Gilt sie nicht als eine solche, darf man mit ihr nicht koalieren – tertium non datur. Am Beispiel der PDS zeigt sich eine „Erosion der Abgrenzung" gegenüber linksaußen, wie diese Wolfgang Rudzio schon in seinem gleichnamigen Buch nachgewiesen hat.

Beide Entwicklungen – der mögliche Positionswechsel der FDP und die Einbeziehung der PDS – sind für die SPD nur vordergründig positiv. Allerdings ist sie in einer beneidenswert komfortablen Position. Und allerdings: Sollte sie die Koalitionsoptionen zur FDP, zum Bündnis 90 / Die Grünen und zur PDS gleichermaßen behalten, könnte dies unter Umständen die Konturiertheit ihrer Politik gefährden. Die Chance der Union besteht darin, eine glaubwürdige Politik zu vertreten, die keine gegensätzlichen, wohl aber unterschiedliche Politikansätze präsentiert.

Manfred Friedrich hat auch nach vierzig Jahren Recht: Den Konflikten zwischen Regierungs- und Oppositionsparteien müssen auch in einem heutigen Wohlfahrtsstaat keine bloßen Scheingegensätze zugrundeliegen. Im übrigen: Auch der Wohlfahrtsstaat, dessen Ressourcen sich nicht unbegrenzt ausweiten lassen, kommt nicht um das Sparen herum, die laufende Steigerung der Erwartungen kann der Glaubwürdigkeit der Regierung empfindlich schaden. Die Koalitionsfrage ist für die Opposition die entscheidende strategische Frage.

*Lösche:* Wir bitten jetzt Herrn Jun, nicht auf den Wandel des Parteiensystems und der Koalitionsmöglichkeiten in der Gesamtheit einzugehen, sondern auf den Wandel speziell der Parteien.

*Jun:* Die Parteien wirken an der politischen Willensbildung mit. Das ist der Satz des Grundgesetzes, an den es hier durchaus zu erinnern gilt. Ihm entspricht eine neue Form des Regierungssystems: die Parteiendemokratie, der „Parteienstaat", wie der zuerst in der Weimarer Staatsrechtslehre, vor der Folie der deutschen obrigkeitsstaatlichen Tradition, aufgekommene Begriff lautet. Ist diese Parteiendemokratie in einem Wand-

lungsprozeß begriffen? Die Politologen bejahen zumeist diese
Frage: Wir seien auf dem Wege von einer parlamentarisch-re-
präsentativen Demokratie zu einer medial-präsidentiellen
(Sarcinelli). Klaus von Beyme spricht in seinem neuesten Buch
von einem Wandel der Volksparteien zu professionalisierten
Wählerparteien, Peter Mair und Mitautoren stellen fest, daß
die Parteien vor einer großen Herausforderung stünden, der
vielleicht größten ihrer Geschichte, nämlich aufgrund der völ-
ligen Veränderung der Kommunikationsformen. Die Parteiendemokratie steht also offenbar vor unbekannten Herausforderungen, der Begriff der „Medienpartei" kursiert geradezu al-
lerorten. Die Parteien haben durchaus Begriffe in bezug auf
ihr Verhalten verändern oder ihm anpassen müssen; wenn
Franz Müntefering die SPD, wie es so schön heißt, „reformie-
ren" will, dann geht der Anstoß dazu schlicht davon aus, daß
die Parteien die Defizite, die Franz Walter benannt hat, fortlaufend zu beheben versuchen müssen. Das tun sie auch nicht
nur, indem sie neue Formen der politischen Kommunikation
erproben.

Was heißt eigentlich Medienpartei? Dazu läßt sich zunächst
sagen, daß in den letzten Jahren das Kommunikationsmanage-
ment der Parteien auffallend professioneller als früher geworden ist. Medienberater, Kommunikationsexperten, Meinungs-
forscher beraten nahezu täglich die Parteien zu Strategie und
Taktik ihrer externen wie internen Kommunikation. Werbung,
Veranstaltungsmarketing, Mediaanalyse werden den Parteien
von professionellen Beratern geliefert. Das *permanent campaigning* ist in der Tat mittlerweile ein permanenter Prozeß,
und zwar nicht nur im weiten Rahmen der Wahlen. Das sehen
wir beispielsweise bei der CDU an Plakaten, die schon lange
vor der Bundestagswahl getestet werden und die man dann
ständig in der Öffentlichkeit präsent zu halten versucht. Fernsehen, überhaupt visuelle Kommunikation, gelten den Partei-
en als ihr tägliches Brot. Woran läßt sich das noch festmachen?
Ich weise nur auf zwei klare Indikatoren hin: Einmal kann

man eine drastische Zunahme des professionellen Kommuni-
kationsmanagements, d. h. der bezahlten Parteiarbeiter wie
überhaupt der Ausgaben für Parteiarbeit und Wahlkampffi-
nanzierung feststellen. Der andere Gradmesser ist die zuneh-
mende Anpassung der Themen an Personalität und Medienlo-
gik.

„In einer personalisierenden Kommunikationslandschaft
müssen Wertorientierung des Kandidaten und Programmaus-
sage übereinstimmen." Dies sagt nicht etwa ein Medienberater, sondern der Bundesgeschäftsführer der SPD Matthias
Machnig. Er sagt das auch noch deutlicher, so daß noch jeder
weiß, wohin die Reise der SPD gehen soll: „Die Arbeit an me-
dialen Präsentationsformen muß zukünftig das gleiche Gewicht bekommen wie die Arbeit an inhaltlichen Schwerpunkten." Also dahin, nicht zu den Sinnfragen soll ganz offenbar
der Weg der SPD gehen.

Was kennzeichnet eine Partei als „Medienpartei"? Auch das
sehen wir tagtäglich, und ich stimme in dieser Hinsicht Herrn
Walter vollständig zu: Kohärente ideologische Konzepte spie-
len überhaupt keine Rolle mehr. Es werden *issues* aufgegriffen,
die gerade kursieren. Wenn es zum eigenen politischen Vorteil
gereicht, werden die *issues* auch auf die eigene politische
Agenda gesetzt. Themen werden ganz flexibel besetzt, je nach
dem in der Gesellschaft vermuteten Medien- und ergo Mehr-
heitsstandpunkt. Man kann nicht mehr unterscheiden, wer
rechts oder links steht. Die Rechts-Links-Dimension beginnt
sich zusehends aufzulösen. Da wird gelegentlich die CDU
schon zum Sozialstaatsbewahrer gegen die rot-grüne Bundesregierung, ideologische Standfestigkeit ist überhaupt kein
Markenzeichen mehr für Großparteien. Ich zitiere Klaus von
Beyme: „Das Image der Parteien ist wichtiger geworden als
programmatisch vorgetragene Wahrheiten."

Zur Kennzeichnung der Medienpartei ist noch zu sagen,
daß die Parteiführung stets präsent sein muß, die Parteien wer-

den infolgedessen in den Medien mit ihren Führungen gleichgesetzt. Damit hat die Parteiführung auch eine größere The-
menauswahl und -vertretungsmacht im Verhältnis zu allen anderen Parteiformationen gewonnen. Die Parteiführungen gebrauchen ihren exklusiven Medienzugang selbstverständlich
als Informations- und Handlungsvorteil. Die Einwirkungen
der Parteibasis minimalisieren sich zusehends bis zur Nichter-
kennbarkeit, Parteitage werden immer perfekter inszeniert
und autonom im Ablauf von der Parteiführung bestimmt.
Programmatische Flexibilität und koordinatorische Fähigkeit
der Parteiführung stehen absolut beherrschend im Vordergrund. Das hat notwendigerweise einen Bedeutungsrückgang
der aktiven Mitgliedschaft als Wahlkampfressource zur Folge.
Früher brauchte man die Mitglieder für die interpersonalen
Kommunikationsformen, sie waren Hauptträger der politischen Sozialisation, jetzt sind sie in dieser Funktion so gut wie
bedeutungslos.

Was bedeutet das nun alles für die Parteiendemokratie, für
das parlamentarische Regierungssystem? Professionalisierung
der Medienkommunikation tritt an die Stelle von Diskussi-
onsprozessen, von Programmen und von Aushandlungspro-
zessen *innerhalb* der Parteien, solche finden mehr oder weniger nur noch zwischen den Parteien und auf den Führungs-
ebenen statt, nicht mehr innerhalb der einzelnen Partei zwischen Basis und Führungsebene. Partizipation tritt in der konkreten Politikgestaltung in den Hintergrund, Kommunikati-
ons- und Partizipationserfordernisse scheinen nicht mehr zu-
sammenzupassen, was Franz Müntefering in seinem Entwurf
zur Parteireform durchaus unumwunden konstatiert. Daraus
zieht er Schlüsse, die – zu Ende gedacht – schlicht bedeuten,
daß die Mitgliederpartei am Ende ist. Er will eine Öffnung
einführen: Nichtmitglieder sollen grundsätzlich an allen Entscheidungen partizipieren können, sie sollen sogar für die
SPD im Bundestag sitzen können. Da stellt sich natürlich die
Frage, welchen Sinn eine Parteimitgliedschaft noch haben

kann, wenn Nichtmitglieder über die Rechte von Parteimitgliedern verfügen und sogar die Karriere von Nichtmitgliedern innerhalb der Partei gefördert werden soll.

Partizipationsanreize fehlen heute mehr denn je. Die Mitgliederpartei steht vorab deswegen vor dem Ende, weil ein laufender Rückgang der Partizipationsbereitschaft in den Parteien verzeichnet werden kann. Ob wir uns auf einen amerikanischen Präsidentialismus und eine amerikanische Mediendemokratie zubewegen, ist eine überhaupt gar nicht von der Hand zu weisende reale Möglichkeit. Man muß aber immerhin nach wie vor beachten, daß die Parteien noch relativ stark in den sozialen Beziehungen wirken und das parlamentarische Regierungssystem von ihnen nach wie vor so getragen wird, wie es seiner Idee nach funktionieren soll. Außerdem glaube ich, daß die Parteien nur ein fundamentales Interesse daran haben können, die Stabilität des parlamentarischen Regierungssystems zu bewahren.

*Lösche:* Sie sehen, daß die Diagnosen der Politikwissenschaftler weit auseinandergehen. Wir müßten wohl ein dreitägiges Symposium veranstalten, um unsere Positionen klarer voneinander abgrenzen zu können und zu sehen, wo und wieweit Konsens besteht. Vielleicht erhalten wir jetzt Hilfe von der Staatsrechtslehre. Herr Stolleis, der versprochen hat, zunächst einmal politikwissenschaftlich zu argumentieren, wird über Diagnose und vielleicht auch über Therapie sprechen.

*Stolleis:* Meine Thesen werden sich auf die Parteien beziehen, die Positionen der Staatsrechtslehre zu den Parteien wie auch Bemerkungen zum Regierungssystem der Bundesrepublik lasse ich beiseite. Ich bin der Meinung, daß die bisherigen diagnostischen Bemerkungen nicht so sehr weit auseinander liegen, wie Herr Lösche gerade angedeutet hat. Es gibt ziemlich viel Übereinstimmung über die Stabilität der Strukturen und über Symptome, was sich ändert. Das Wort „Krise" will ich nicht in den Mund nehmen. Die Parteien leiden unter Mitgliederschwund und Überalterung, nicht anders als die Gewerkschaften und die großen Volkskirchen. Die Parteien haben heute mit 1,8 Millionen Mitgliedern weniger Mitglieder als im Westen vor der Wende, obwohl etwa 16 Millionen Menschen dazugekommen sind. Organisiert in Parteien sind nur noch drei Prozent der 61 Millionen Wahlberechtigten. Sowohl die Zahlen der Wechselwähler als auch der Nichtwähler steigen an. Offenbar können die Parteien die individualistischen Präferenzpakete der Bürger nicht mehr bündeln. Die im Milieu verankerten alten Bindungskräfte der Parteien werden schwächer. Der ererbte Idealismus der alten Arbeiterbewegung ist erlahmt; die bürgerlichen Kodizes, die ein bestimmtes Wahlverhalten vorschrieben, gelten nicht mehr; Kinder und Frauen wählen nicht mehr, was der Vater sagt. Die Gründe sind bekannt: Die mobil durchmischte Gesellschaft läßt sich immer weniger nach Klassen und Milieus gliedern, sie orientiert sich nach den Regeln des Marktes und reagiert auf medial vermittelte Schlüsselreize. Die politischen Probleme entziehen sich zunehmend dem Rechts-Links-Schema. Globale Probleme der Umwelt wie die Nutzung künftiger Energien, Seuchen wie Aids oder BSE, Überalterung und Migration, Quantensprünge der medizinischen, biologischen oder elektronischen Forschung, all das ist für den Durchschnittswähler kaum noch ins Parteipolitische übersetzbar, einfache ideologische Abstempelungen wirken veraltet. Auf der staatlichen Ebene entspricht der für den modernen Interventionsstaat typischen Auflösung der klassischen Trennung von Staat und Gesellschaft spiegelbildlich die Auflösung des im 19. Jahrhundert entstandenen Dualismus von Regierung und Parlament, auch von Privatrecht und öffentlichem Recht. Mindestens in der Europäischen Union wird der souveräne Nationalstaat verabschiedet und durch einen Mix von Kompetenzen ersetzt, der von Gemeinde und Region über Land und Staat bis nach Brüssel reicht. Bezeichnenderweise ist in Presse und Medien weit mehr von Brüssel als von Straßburg die Rede. Wirkliche europäische Parteien, wie sie Art. 191 EG-Vertrag vorsieht oder mindestens voraussetzt, gibt es noch nicht. Die Wähler können kaum hoffen, durch ihr Abstimmungsverhalten etwas am Lauf der Dinge in der EU zu ändern. Ihr Fazit ist häufig: „Alles ist zu kompliziert, die Politiker machen ja doch das, was sie wollen." Folglich entscheiden sich viele dafür, nicht mehr Citoyen, sondern Konsument zu sein, eher Urlaubsreisender und Internetsurfer als entmündigter Hinterbänkler auf der Bezirkskonferenz einer Partei.

Die Folgen sind evident: Die Parteien haben zu wenig Nachwuchs oder nicht den richtigen, die Oligarchen bleiben unter sich. Wenn diese auch eine aussterbende Gattung sein mögen, so wachsen doch trotzdem welche nach, aber die Frage ist, ob es die richtigen sind. Die Mitgliedsbeiträge stagnieren oder schwinden mit der Folge, daß die Finanzlöcher bei den Parteien größer werden. Entsprechend vergrößert sich die Neigung, Auslandskonten zu führen und schwarze Kassen in schwarzen Koffern zu transportieren. Dies wiederum steigert die ohnehin in Deutschland traditionelle, mindestens seit Bismarck eingewurzelte und periodisch erneuerte Parteienaversion. Wir können aber die Parteien als komplexe Organe des politischen Stoffwechsels nicht entbehren. Das steht sinngemäß nicht nur im Grundgesetz, sondern ist auch politologisch richtig. Sie sind die notwendigen Mittler von einem diffusen Volkswillen zum Staatswillen. Wir brauchen sie zur Reduktion von Komplexität im Vorfeld von Entscheidungen, zur Legitimation dieser Entscheidungen gegenüber der Öffentlichkeit und zur Einübung des Politikernachwuchses. Parteienkritik sollte daher unbedingt konstruktiv sein, sie sollte der Parteienaversion entgegentreten und auf diese vitalen und unverzichtbaren Funktionen der Parteien hinweisen. Dies ist für mich ein ernster Punkt, da Parteienkritik oft auch der Tummelplatz von Feinden der Demokratie ist. Parteienkritiker stehen oft in unheilvollen Allianzen mit antidemokratischen Kräften. Lesen Sie die Buchanzeigen in der Nationalzeitung

des Dr. Gerhard Frey und Sie werden sehen, was dort an par-
teikritischen Büchern angepriesen und offenbar auch gelesen
wird. Zudem ist Parteienkritik oft eher Gesellschaftskritik, die
sich ein bequem identifizierbares Objekt sucht. Parteien werden für Mißstände verantwortlich gemacht, die aus der Gesellschaft selbst kommen. Wer Parteien fundamental ablehnt,
muß die Alternative zu ihnen nennen, was meistens nicht ge-
schieht.

Wenn es – medizinisch gesprochen – um Revitalisierung le-
bensnotwendiger Organe geht, muß man zunächst Illusionen
verabschieden. Zu diesen Illusionen rechne ich als Staatsrechtler erstens die Trennung von Staat und Gesellschaft, mit der
versucht wird, die Parteien aus wesentlichen Bereichen öffentlicher Entscheidungsfindung und aus dem Staatsapparat zu
verdrängen. Zweitens halte ich die aus dieser Trennung sich
herleitende Vorstellung eines neutralen Staates und eines an
einem überparteilichen Gemeinwohl orientierten Beamten-
tums für eine Illusion – das sind Leitbilder des 19. Jahrhunderts. Versteht man unter dem Staat nichts anderes als die Gesellschaft aus einem besonderen Winkel betrachtet, verliert die
Debatte, ob es sich bei den Parteien um eingetragene Vereine
oder Staatsorgane oder beides handelt, ihren Sinn. Parteien
sind dann unverzichtbare Institutionen der parlamentarischen
Demokratie. Wenn man diese will, muß man jene auch mit ihren offenkundigen Mängeln akzeptieren. Niemand wird diese
Mängel bestreiten wollen: die Oligarchisierung der Parteien,
ihre Neigung, sich überall festzusetzen und Sachentscheidun-
gen politisch zu unterlaufen. Aber es scheint mir wichtiger
festzustellen, daß zur Oligarchisierung eben auch die politische Passivität und der Hedonismus in der Gesellschaft gehören, daß es überhaupt objektive Entscheidungen prinzipiell
nicht gibt und nicht geben kann und meist auch die sogenannten Fachleute, die auf ihre Forschungsfreiheit pochen, norma-
tiv ratlos und zerstritten sind und im übrigen durchaus politisch, aber subkutan entscheiden.

6 Lösche

Die therapeutischen Vorschläge müssen meines Erachtens
vorzüglich bei der Mitgliederwerbung und Mitgliederaktivie-
rung ansetzen. Die Parteien müssen sich weit mehr als bisher
anstrengen, die junge Generation zu erreichen und insgesamt
ihre Attraktivität zu steigern. Mir ist vorhin aufgefallen, daß
vom Ende der Mitgliederpartei gesprochen wurde. Wenn man
diese Aussage zu Ende denkt, bedeutet sie recht eigentlich das
Ende der Parteien. Ohne Mitglieder gibt es schließlich keine
Parteien, es sei denn, man bezeichnet winzige Gruppen, die
dann das Sagen haben, noch als Partei. Die Parteien müssen
Formen der Entscheidungsfindung praktizieren, die den Mitgliedern mehr Befugnisse übertragen; Herr Müntefering hat
insofern die richtige Richtung durchaus erkannt. Ebenso muß
das ehrenamtliche Engagement „vor Ort" viel geduldiger und
intensiver gelobt werden. Diese unzähligen Leute, die im eh-
renamtlichen Engagement auf Gemeindeebene tätig sind, sind
derzeit über die Parteiführungen besonders frustriert. Des
weiteren ist die gesetzlich vorgeschriebene demokratische
Binnenstruktur der Parteien zu stärken. Hier könnten viel
mehr basisdemokratische Elemente als auf der staatlichen
Ebene genutzt werden, um den Abstand zwischen Fußvolk
und Parteioberen zu verringern. Schließlich geht es um die Fi-
nanzierung: Die lange Reihe erfolgloser oder mißachteter Entscheidungen des Bundesverfassungsgerichts zu diesem Komplex zeigt, daß die Versorgung der Parteien mit Steuermitteln
von Anfang an falsch war. Wenn diese Quelle einmal angesto-
chen ist, führt ihr Genuß zu Suchtphänomenen. Man kann immer weniger davon lassen, und am Ende entsteht eine Beschaf-
fungskriminalität. Man muß folglich auf der Ausgabenseite
der Parteien eine Remedur schaffen: Reduktion der Kosten
durch Verkleinerung der Apparate, Verbilligung der Wahlkämpfe durch zwischenparteiliche Abkommen, stärkere steu-
erliche Begünstigung von Beiträgen und Spenden und auch
Aufhebung der nicht bewährten Offenlegungspflicht für
Großspenden.

Wenn dies alles auch nur Gedankensplitter und Andeutungen sind, bin ich aber dankbar, daß ich sie hier vor den Ohren von Herrn Friedrich, den ich seit vielen Jahren aus seinen Veröffentlichungen, aber erst neuerdings persönlich kenne, äußern durfte.

*Lösche:* Jetzt gebe ich Herrn Rudzio das Wort.

*Rudzio:* Blickt man auf die Vorlesung des Kollegen Friedrich zurück, so scheint die staatsrechtliche Diskussion des Regierungssystems teils etwas abstrakt, teils zu sehr auf die Situation unseres Landes konzentriert. Durchbricht man im Sinne vergleichender Politikwissenschaft diesen Horizont, so kommt man – wie Giovanni Sartori – zu dem Ergebnis, daß das parlamentarische Regierungssystem nicht unter allen Bedingungen das günstigste sein muß. Vielmehr kann bei politischer Zerklüftung – man denke an bürgerkriegsähnliche Spannungen, Vielparteiensystem und Verhältniswahlrecht wie in der Weimarer Republik – ein semipräsidentielles System vorteilhafter sein. Hätte die Weimarer Republik als rein parlamentarisches System überhaupt ihre Lebensdauer erreicht? Angesichts ihres letztendlichen Scheiterns ist man vielfach zu sehr geneigt, sich einseitig auf das letzte halbe Jahr der Republik, d. h. auf das eklatante Versagen des Präsidenten zu konzentrieren und die stabilisierenden Wirkungen des Reichspräsidenten in der gesamten Zeit zuvor aus dem Blick zu verlieren.

Zweitens eine Bemerkung zu den Parteien. Herr Walter und in gewisser Weise auch Herr Stolleis trauern offenbar den weltanschaulich geprägten Mitgliederparteien nach. Tatsächlich aber ist es keine Katastrophe, wenn die Parteien weniger Mitglieder als einst umfassen. Gewiß haben sie auch an ideologischem Profil verloren. Wer aber Wahlprogramme liest, wird auch heute durchaus relevante Unterschiede zwischen den Parteien feststellen können. Diese Unterschiede wechseln auch nicht kurzfristig von Wahl zu Wahl, vielmehr sind über längere Perioden durchgehaltene Grundpositionen erkennbar. Und mehr noch: Entgegen populärem Ondit hat eine systematische, vergleichende Untersuchung für westliche Demokratien von 1945–1990 ergeben, daß die Regierungspolitik den Wahlprogrammen der an der Regierung beteiligten Parteien entspricht. Selbstverständlich muß eine Regierung auch auf unvorhergesehene neue Probleme reagieren, kann sie im Falle einer Koalition nicht dem Programm eines einzelnen Koalitionspartners folgen.

Sicherlich – all dies kommt in dem TV-vermittelten Bild von Politik und Parteien weniger zum Ausdruck, da dort unterhaltsame *horse race*-Aspekte in den Vordergrund gerückt werden. Auch unterhöhlt eine „medienzentrierte Außenkommunikation" (Ulrich Sarcinelli) die Bedeutung innerparteilicher Willensbildung und fördert Tendenzen zu medial-plebiszitärer Führung, zu einem „Neo-Bonapartismus" (Peter Lösche). Vor diesem Hintergrund erscheint es verständlich, daß sich weniger Bürger als einst zur undankbaren Rolle eines Parteimitglieds bereit finden. Als Resümee ergibt sich: Viel Normalität, keine Krise der Parteien, allerdings deren medial verursachte Schwächung.

Schließlich eine Bemerkung zum Stand des deutschen Parteiensystems. Dieses ist zwar weiterhin als gemäßigt bipolares System zu bezeichnen. Aber zunehmend rückt die SPD in eine dominierende Position – ungeachtet dessen, daß auch sie weniger als einst auf die Nibelungentreue fest abonnierter Wähler bauen kann. Ausschlaggebend für ein strukturelles Ungleichgewicht zu ihren Gunsten erscheinen vor allem zwei Dinge:

- ein vorherrschend linksliberaler Medientenor, beruhend auf relativer Linksorientierung und „missionarischem" Berufsverständnis deutscher Journalisten;

- eine einseitige Linksöffnung des Parteiensystems, wie sie in SPD-PDS-Landesbündnissen und Demonstrationen des „Verfassungsbogens" mit der PDS gegen „Rechts" einerseits und Ausgrenzung der Republikaner etc. andererseits zutage tritt.

Die Folgen bestehen vor allem in den größeren Koalitionsoptionen, die der SPD im Unterschied zu CDU / CSU offenstehen: Neben dem derzeitigen Koalitionspartner Bündnis 90 / Die Grünen läuft sich die PDS in den neuen Bundesländern als koalitionspolitisches Reserverad für die SPD warm, emanzipiert sich die FDP von ihrer Koalitionsvergangenheit mit der Union und entdeckt immer wieder Berührungspunkte mit den Sozialdemokraten. Koalitionspolitisch gesehen die Spinne im Netz des Parteiensystems, erscheint die SPD selbst für den Fall rot-grüner Wählerverluste durch ihre Koalitionsoptionen gegen einen Verlust der Regierungsmacht gefeit. Im übrigen verschafft ihr diese Konstellation innerhalb der Regierung eine starke Stellung gegenüber einem Partner, dem als alternative Option nur die Rückkehr in die Opposition bleibt.

Ebenso wirkt öffentlicher Meinungsdruck zugunsten der linken Hälfte des Spektrums. Weit verbreitet ist die Tendenz, rechte / konservative Positionen in sozio-kulturellen Fragen wie Zuwanderung, Nation (Staatsangehörigkeitsrecht, EU), Geburten- und Familienpolitik, Kriminalität, Tradition, Erziehung u.a.m. zu tabuisieren. Die Unionsopposition sieht sich zuweilen bereits in die Nähe des Rechtsextremismus gerückt (z. B. Berliner Kundgebung gegen Rechts, Trittin-Äußerungen). Obwohl sozio-kulturell rechte Positionen in Meinungsumfragen breite Unterstützung finden und Wahlrelevanz besitzen (Landtagswahlen 1999 in Hessen), zaudern teils eingeschüchterte, teils verunsicherte Teile der CDU, sie aufzugreifen. Daraus resultierende Wahlenthaltungen oder Proteststimmen zugunsten der extremen Rechten sind dann im politischen Spiel verloren. Andererseits: Besetzt die CDU solche Positionen, drohen ihr Verluste in der sozio-kulturellen Mitte, in die sich der Schröder-Flügel der SPD hineinbewegt. Denn die SPD kann es sich leisten, ggf. verärgerte Wähler nach links zu verlieren – kommen sie doch aktuellen oder potentiellen

Koalitionspartnern zugute; sie gehen für eine sozialdemokratische Mehrheitsbildung nicht verloren.

Oppositionschancen im sozial-ökonomischen Feld hinge-
gen hängen ganz von der wirtschaftlichen Konjunktur ab.
Diese beginnt zwar seit 2000 / 01 abzuflauen, doch behält die
SPD dank medialer Fixierung auf Arbeitslosenziffern (für deren Rückgang schon die Demographie sorgt) auch hier gute
Karten in der Hand. Alles in allem: Der politische Manövrier-
spielraum von CDU / CSU erscheint eingeengt, der der Sozialdemokraten vorteilhaft weit.

*Lösche:* Herr Hennis wird jetzt einige Aspekte sowohl des
Regierungssystems als auch des Parteiensystems ansprechen
und miteinander verbinden.

*Hennis:* Im Verlauf der Diskussion habe ich auf jeden Fall
gelernt, daß Göttingen offenbar der absolut konkurrenzlose
Sitz der deutschen Parteienforschung ist. Dagegen bin ich
nicht davon überzeugt, daß es auch der Sitz der Forschung
zum Regierungssystem ist, also zu dem, was man im Engli-
schen als *government* bezeichnet, wozu natürlich auch Verfassungsgerichtsbarkeit, Föderalismus, der gesamte Regierungs-
apparat gehören.

Darf ich meine kurze Bemerkung mit einer Erinnerung be-
ginnen. Im Winter 1948 / 49, als man noch am Grundgesetz ar-
beitete, hatte der Göttinger AStA, ich war dessen Referent für
Vorträge, Carlo Schmid eingeladen, etwas zur Arbeit des Parlamentarischen Rates vorzutragen. Es war ein kalter Winter-
abend, und wir mußten lange auf Carlo Schmid, der sich der
glatten Straßen wegen verspätete, warten. Er kam sehr ermat-
tet an und hielt dann auch einen ausgesprochen matten Vortrag. Mir war das sehr peinlich; der Flor der Juristischen Fakultät und alles, was Rang und Namen in Göttingen hatte,
war zu dieser von mir zu verantwortenden Veranstaltung gekommen. Ich war gekränkt und ärgerlich, ging nach vorn und
fragte etwas scharf nach Sinn und Chancen der beabsichtigten

Korrekturen im Grundgesetz für künftige Notfälle. Carlo Schmid schob mich mit zwei, drei Worten beiseite, wies mir meinen Platz zu und setzte zu einem Kurzreferat von zehn Minuten an, das schlicht fulminant war. Aber schon damals glaubte ich herauszuhören, daß die Verfassungsväter für das neu zu gestaltende Regierungssystem keine wirkliche Theorie, Anschauung von der zu regelnden Staatspraxis und den zur verantwortlichen Willensbildung aufgerufenen sozialen Kräften, hatten. Auch 1919 hatte man eine solche Theorie nicht besessen. Der Kaiser und die Landesmonarchen waren weggefallen, Republik überall. Demokratie bedeutete für die Sozialdemokratie allgemeines und gleiches Wahlrecht unter den Bedingungen der Verhältniswahl, viel mehr nicht. Die Folge war: mehr Zentralismus; das föderative Organ wurde unter Beibehaltung seiner Struktur als Rat empfindlich geschwächt; das Problem Preußen blieb, aber Preußens Hegemonialfunktion war weggefallen. Alles hing an der Fähigkeit der Parteien des Reichstages, verantwortliche Koalitionen zu bilden.

Eine „Theorie" hat sich dann von der Staatsrechtslehre her ausgebildet, und wir leben heute noch von den Ergebnissen der damals zu ihrer Erneuerung angesetzten Staatsrechtslehre. Herr Friedrich hat seine wichtigen Beiträge zur Lage der Weimarer Staatsrechtslehre und zum sogenannten „Methodenstreit" zum größeren Teil schon vor seinem großen Buch über die Geschichte der Staatsrechtswissenschaft vorgelegt. Wir hatten drei klar unterscheidbare Schulen im Staatsrecht: die Positivisten einschließlich des puristischen Normlogikers Kelsen; den dezisionistischen Carl Schmitt; die Ansätze von Smend und seinem Kreis. Von all dem hat die Staatsrechtslehre auch noch nach 1950 gelebt und tut dies in hohem Maße bis heute noch. Man kann über diese Theorien denken wie man will, jedenfalls hatte und hat man sie im Kopf beim Blick auf die Verfassungsinstitutionen.

Nun haben wir im bisherigen Verlauf dieses Symposiums reichlich von den Parteien gesprochen, vom Regierungssystem

noch gar nicht. Den beschworenen Wandel der Parteien von
den „Integrationsparteien" Wilhelminischer und noch Weimarer Prägung über die euphemistisch so genannten „Volksparteien" bis zu den „Allerweltsparteien" von heutzutage, den
haben wir uns doch seit Jahrzehnten an den Schuhsohlen abgelaufen, ich denke nur an Manfred Friedrichs „Opposition
ohne Alternative?" oder an frühere Arbeiten vom mir aus den
fünfziger Jahren zur Meinungsforschung und zur Opposition
in der Industriegesellschaft. Die Parteien haben sich natürlich
mit dem Wandel der Sozialstruktur und mit den Instrumenten,
die die gesellschaftliche Entwicklung beeinflussen und steu-
ern, verändert: Wir leben in der „Mediengesellschaft". Aus
den Arbeiten von Lepsius und anderen wissen wir, soweit es
nicht vor aller Augen liegt, daß die alten Milieus längst wegge-
brochen sind. Das kann doch eigentlich kein Thema mehr sein
für die Politikwissenschaft; Thema wäre doch das parlamentarische Regierungssystem des Grundgesetzes mit seinen Verfassungsinstitutionen, Bundesregierung und Bundeskanzler,
Bundestag, Bundesrat, Bundespräsident, Bundesverfassungsgericht, und zwar unter den gesamten seit der Gründung der
Bundesrepublik so sehr gewandelten Bedingungen. Dazu haben wir bis zum Augenblick noch nichts gehört. Vielleicht hören wir dazu noch etwas in der weiteren Diskussion und darüber hinaus auch noch etwas von den Theorien, die in den
zwanziger Jahren ausgebildet wurden und die noch auf den
Schultern der konstitutionellen Monarchie und der älteren
deutschen und europäischen Verfassungsdenkweise stehen
und von denen wir einfach zu hören haben, weil sie bis in die
Anlage des grundgesetzlichen Regierungssystems und in die
seine Entwicklung begleitenden Erwartungen hinein wirksam
waren und noch wirksam sind. Davon müssen wir uns Re-
chenschaft geben, um die heutige Lage verstehen zu können.
Während jeder amerikanische, französische oder englische
Gymnasiast ohne weiteres die großen Epochen der Verfassungsgeschichte, also der Verfassungsinstitutionen aufzählen

kann und weiß, daß dieses oder jenes immer wieder zurück-
kehren kann, wie in Frankreich etwa der Bonapartismus, vege-
tiert unser gegenwärtiges deutsches Verfassungsdenken absolut geschichtslos dahin ohne die Vorstellung, daß alles auch
anders sein könnte. Die starre Fixierung auf die Parteien und
ihre Probleme ignoriert, daß hinter dem Verfassungssystem
doch immer eine Ambiance der weiteren Kultur, u.U. auch
der Religion steht. Von all dem nehmen unsere Verfassungs-
theoretiker keine Notiz. Was ich damals beim Vortrag von
Carlo Schmid so deutlich empfunden habe, empfinde ich auch
heute wieder: Die Diskussion über die großen Fragen der
staatlichen Ordnung, der Verfassungsinstitutionen, ist bei uns
irgendwie theorielos, ortlos, in besonders signifikantem Maße
geschichtslos. Das zeigte sich erschreckend nach der nicht
mehr erwarteten Wiedervereinigung der beiden Teile Deutschlands. Der Beitrittsvertrag war eine reine Aufgabe für die juristischen Experten, zumal die Finanzexperten, wo es doch auf
der Hand lag oder hätte liegen müssen, daß die noch immer
große kulturelle Gemeinsamkeit, noch sprachen und sprechen
wir eine Sprache, der wichtigste Ansatzpunkt für die äußere
und innere Einigung sein mußte. Die gemeinsame Kultur fiel
vollständig heraus aus den gern beschworenen „integrativen"
Elementen. Was für einen Eiertanz gab es um die Einsetzung
eines Staatsministers für kulturelle Aufgaben des Bundes! Als
ein weiteres Beispiel erinnere ich nur an die für mich empö-
rende Rede des Bundespräsidenten beim Goethe-Jubiläum
1999. Selbst im kritischen Jahr 1932, das andere große Goethe-
jahr im abgelaufenen Saeculum, hatte dieses Land noch Sprache, Kultur und Orte, die es zusammenhielten.

Eine der bedeutendsten Erkenntnisse zur Problematik der
Weimarer Verfassung und ihres Wahlrechts, wie sie sich
durchaus in das Wahlrecht, das wir bis heute haben, fortge-
pflanzt hat, ergibt sich aus der bedenkenlos eingeführten
Nichtanbindung des Abgeordneten an seinen örtlichen Bereich, er wird dementsprechend aus der Verfassungspolitik

kurzerhand ausgeklammert. Ich erinnere mich noch genau
hier in Göttingen an die ersten Landtagswahlen nach 1945.
Damals hing man am Radio und wußte von jedem Wahlkreis
in Niedersachsen, ohne daß dies die Zeitungen groß aufberei-
tet hätten, wie und wer dort gewählt war. Man bekam mit jeder Wahl gewissermaßen auch Geographieunterricht, eine Anschauung („Theorie") des Landes, in dem wir leben. Heute ist
eine halbe Stunde nach der Wahl und mit der Elefantenrunde
noch gleich am Abend der Fall gelaufen. Irgendein integrati-
ver, politisch bildender Effekt geht von den Wahlen nicht
mehr aus, man weiß ja schon vor der Wahl, daß jeder so gut
wie mit jedem koalieren kann. Die Grünen sind inzwischen
auch überall mit dabei, und die PDS wird in einigen Jahren
auch überall dabei sein und auch mit der CDU koalitionsfähig
sein.

Ich habe nie grundsätzliche Aversionen gegen ein Präsidialsystem gehabt und es immer für falsch gehalten, den Fall Hin-
denburg zum prinzipiellen Einwand gegen ein Präsidialsystem
– sei es amerikanischen, sei es französischen Musters – hoch-
zustilisieren. Die Weimarer demokratischen Parteien hatten
die parlamentarische Republik zum Schluß aufgegeben, niemand war bereit, für sie zu kämpfen. Ich zögere es auszuspre-
chen: Aber wer wäre denn heute bereit, für diese Republik zu
kämpfen?

*Lösche:* Wir gehen jetzt zu der ins Auditorium erweiterten
Diskussion über. Bitte, Herr Starck, Sie haben das Wort.

*Starck:* Verehrter Herr Friedrich, meine Damen und Herren! Gestatten Sie mir, daß ich mich als Staatsrechtslehrer äußere, zumal weil Sie, Herr Friedrich, das parlamentarische Regierungssystem des Grundgesetzes im Lichte der Staatsrechtslehre erörtert haben und auch jetzt in diesem Symposium über
dasselbe einige Thesen aufgestellt worden sind. Ich glaube,
daß es wohl noch eines Wortes zur Klarstellung über die Aufgaben der Staatsrechtslehre in der heutigen Zeit bedarf, und

zwar im Hinblick sowohl auf die Parteien als auch auf das parlamentarische Regierungssystem, auf das Herr Hennis dankenswerterweise noch eingegangen ist. Wir als Staatsrechtslehrer haben in bezug auf Regierungssystem und Parteien eine andere Aufgabe als die Politologen. Wir haben nämlich vor allem herauszuarbeiten, welches der Rahmen ist, den die Verfassungsnormen über das parlamentarische Regierungssystem und Art. 21 GG vorgeben. In diesem Rahmen haben sich dann die politischen Akteure zu halten, wobei ihnen ein erheblicher Spielraum zur Verfügung steht. In Streitfragen muß das Bundesverfassungsgericht die Grenzen näher bestimmen, was durchaus nicht beliebig geschehen darf. Die Staatsrechtslehre wacht über die Qualität der Begründung und das Ergebnis der verfassungsgerichtlichen Entscheidungen und hält dafür Maßstäbe bereit. Die Akteure, Bundeskanzler, Fraktionsvorsitzende usf., haben einen Bewegungsraum, der ganz verschieden genutzt werden kann. Die Art, wie Adenauer regierte, wie Brandt oder Helmut Schmidt regierten, sind politische Ausprägungen des von der Verfassung vorgegebenen Rahmens gewesen. Man muß diesen besonderen Ausgangspunkt der Staatsrechtslehre sehen und ist dann vielleicht auch nicht verwundert, daß so viele interessante Dinge, von denen heute die Rede gewesen ist, vom Verfassungsrecht her gesehen immer nur von beispielhaftem Interesse sein können. Denn was wir als Juristen entscheiden müssen, ist, wann das Verhalten der politischen Akteure aus dem verfassungsrechtlich vorgegebenen Rahmen ausbricht. Freilich ist die Staatsrechtslehre nicht nur in diesem Sinne Verfassungsrechtslehre, sondern ist auch interessiert an der guten Regierung. Nicht alles, was nicht verfassungswidrig ist, ist schon gut. Insoweit prüfen wir Erscheinungsformen des parlamentarischen Regierungssystems, des Wahlsystems, des Parteienrechts usf. auf ihre Funktionsfähigkeit auch unter dem Gesichtspunkt verschiedener ökonomischer, außenpolitischer und mentaler Lagen. Dazu gehört auch die rechtsvergleichende Institutionenlehre.

Herr Lösche hat einleitend die These aufgestellt, daß ein
parlamentarisches Regierungssystem von der bei uns be-
stehenden Art dem amerikanischen Präsidialsystem eigentlich
ähnlicher sei als dem Westminster-System. Ich war über diese
Aussage zunächst etwas verblüfft. Das Westminster-Modell ist
ein monistisches System, während das amerikanische Präsidialsystem ein dualistisches ist, da sowohl der Kongreß als
auch der Präsident direkt gewählt werden und es damit zwei
demokratische Legitimationsstränge gibt, die in zwei Spitzen
auslaufen, die sowohl gegeneinander wie miteinander arbeiten
können. Mir ist erst im weiteren Verlauf deutlich geworden,
daß Herr Lösche in gewisser Weise doch Recht hat: Denn wir
haben kein rein monistisches parlamentarisches Regierungssystem, weil der Bundesrat dazugehört, der aus Mitgliedern der
Landesregierungen besteht, die dank der Landesparlamente
eine eigene, auf das jeweilige Landesvolk zurückgehende demokratische Legitimationsquelle haben. Die Landesregierungen werden von den Landesparlamenten gewählt, die politischen Mehrheitsverhältnisse im Bundesrat werden also von
den Landesparlamenten bestimmt. Es kommt nicht darauf an,
daß die Landesregierungen den Landesparlamenten einklagbar
verantwortlich sind, sondern darauf, daß im Bund Entscheidungen getroffen werden, die, wenn ein Zustimmungsrecht
des Bundesrates gegeben ist, nicht wie in Großbritannien mo-
nistisch, sondern dualistisch legitimiert sind. Dort entscheidet
der Premierminister mit seiner Mehrheit alles. Da also auch
bei uns ein demokratischer Dualismus herrscht, wenn auch
schwächer als in den Vereinigten Staaten, würde ich unser System zwischen das amerikanische und das britische einordnen.

Zu Herrn Walter möchte ich sagen, daß mich seine Ausführungen beeindruckt haben, daß er aber meiner Meinung nach
bei der Schilderung der Situation der Parteien vergißt, daß wir
heute Sachprobleme zu lösen haben, die weit mehr als früher
europäisch und global vorgegeben sind. Die Parteien stehen
vor einer neuartigen Situation; sie müssen nämlich über Dinge

entscheiden, die viel stärker von außen als von innen vorgegeben werden. Das müßte von der Politologie stärker in die Diskussion über die Aufgaben der politischen Parteien einbezogen werden.

*Christoph Müller:* Sie haben in Ihrem Vortrag mit einem leisen Bedauern davon gesprochen, lieber Herr Friedrich, daß die Politische Wissenschaft sich nicht genügend der Aufgabe gewidmet hat, der Rechtsanwendung – speziell der Verfassungsinterpretation – durch Aufklärung empirischer Sachverhalte zuzuarbeiten. Ich kann das nur unterstreichen. Hermann Heller hatte in ersten Ansätzen eine Staatslehre als empirische Politische Wissenschaft entworfen und speziell für die Zwecke des Verfassungsrechts angemahnt, daß die Sozialwissenschaften eine solche wichtige sachliche Aufklärungsfunktion zu leisten hätten. Zwischen Strafrecht und Kriminologie, zwischen Versicherungsrecht und Versicherungsmathematik, zwischen Handelsrecht und den ökonomischen Rahmenbedingungen des Wirtschaftslebens, zwischen normativer Rechtswissenschaft und empirischer Rechtssoziologie insgesamt haben sich solche Formen der Zusammenarbeit inzwischen längst entwickelt. Arthur Nußbaum, ein Schüler des großen Georg Jellinek, hatte auch präzisiert, daß eine Zuarbeit in Form der Erforschung von Rechtstatsachen in keiner Weise zu einer normwidrigen Soziologisierung der Rechtsordnung führt, jedenfalls dann nicht, wenn sich die Sozialwissenschaften solchen empirischen Sachverhalten zuwenden, die die Rechtssätze selbst – direkt oder indirekt – zum Bestandteil ihrer Normierung gemacht haben. Denn insoweit beruht der juridisch gemeinte Sinn einer Norm auch auf faktischen Voraussetzungen. Friedrich Müller hat das mit seinem Begriff des Normbereichs gut umschrieben. Speziell bei theorielastigen Normen – den lapidar formulierten Grundrechten ebenso wie den Verfassungssätzen, die reale gesellschaftliche und organisatorische Strukturen voraussetzen – liegt eine empirische Aufklärung der Rechtstatsachen durchaus in der Linie der rechtlichen Normierung selbst. Erforschung von Rechtstatsachen dient, richtig betrieben, keineswegs dazu, gesellschaftliche Legitimität gegen normative Legalität auszuspielen, wie das Carl Schmitt mit seiner Freirechtslehre vorgeführt hatte. Die Aufgabe der Politikwissenschaft beschränkt sich zwar nicht darauf, dem Verfassungsrecht aufklärend zuzuarbeiten. Aber es mindert auch nicht den Rang einer Wissenschaft, wenn sie die Funktion der Hilfswissenschaft für eine andere Disziplin miterfüllt. Statt dem Verfassungsrecht systematisch diesen Dienst zu leisten, hat sich die politikwissenschaftliche Analyse oft auf den Versuch versteift, ähnlich wie die Ideologiekritik, nur juristische Illusionen zu enthüllen. Wenn sich die Politikwissenschaft der Aufgabe weitgehend verweigert hat, dem Verfassungsrecht konstruktiv zuzuarbeiten, so springen, da es hier ein Vakuum nicht geben kann, nur andere Theorieproduzenten ein. Besonders das Bundesverfassungsgericht hat sich dabei hervorgetan. Seine theoretischen Definitionen und empirischen Analysen haben allerdings eine Besonderheit. Während erfahrungswissenschaftliche Erkenntnisse sich der Wahrheit bestenfalls annähern, haben gerichtliche Erkenntnisse einen anderen Charakter. Die theoretischen Raisonnements des Bundesverfassungsgerichts sind inappellabel, jedenfalls dann, wenn sie nach dem Willen des Gerichts an der formellen Rechtskraftwirkung gerichtlicher Entscheidungen teilnehmen. Es versteht sich, daß den empirischen Sozialwissenschaften eine derartige Geltungskraft versagt ist. Der Preis ist ziemlich hoch, der zu zahlen ist, wenn es an einer ausreichenden politikwissenschaftlichen Erörterung juridischer Fragestellungen mangelt und dem Gericht damit ein großes Feld empirischer Theoriearbeit überlassen wird. Denn dabei entsteht der Soziologismus, den Nußbaum gerade vermeiden wollte.

*Wolfgramm:* Zu Beginn möchte ich kurz etwas zu meiner Person sagen: Ich war sechs Wahlperioden für die FDP im deutschen Bundestag und fühle mich bei einer so interessanten Diskussion besonders angesprochen. Bei mir haben die Ausführungen von Herrn Walter zunächst die Erwartung hervorgerufen, daß er besondere Lösungsvorstellungen unterbreiten werde. Aber in dieser Hinsicht war ich dann doch enttäuscht, da Sie, Herr Walter, offenbar einem idealkonservativen Parteiensystem das Wort reden wollen und überlegt haben, wie es sich am besten wiederherstellen läßt. Das hat mich nicht überzeugt. Die Frage, die uns alle in den Parteien bewegt, ist natürlich: Wie begegnen wir dem Mitgliederschwund? Herr Lösche hat darauf hingewiesen, daß kurz nach der Installierung der Bundesrepublik die Zahlen der Parteimitglieder bei weitem höher gewesen sind als heute. Meine Partei, die FDP, hat zur Zeit hier in Niedersachsen etwa 6000 Mitglieder, sie hatte hier ca. 20.000 Mitglieder in den fünfziger Jahren. Eine entsprechende Entwicklung haben wir auch in Ostdeutschland durchgemacht: Kaum war die Wiedervereinigung erfolgt, sprangen die meisten neuen Mitglieder wieder ab. Das hatte natürlich den Grund, daß man in der DDR ohne Parteimitgliedschaft kaum einen Beruf richtig ergreifen oder studieren konnte. Aber es gibt auch tiefer liegende Gründe. So ist einer ganz sicher, daß die Probleme sehr komplex geworden sind und sich nur zu viele mit ihnen nicht gerne beschäftigen. Ein weiterer ist, daß wir keine äußere Bedrohung mehr haben und auch nur wenige bedeutende innenpolitische Themen, so daß z. B. die Bereitschaft, zu Wahlen zu gehen, begreiflicherweise gering ist, Parteimitglied zu werden erst recht. Wir haben einen enormen Schwund der Wahlbeteiligung. Der Oberbürgermeister der Stadt Göttingen ist jüngst mit 27 Prozent Wahlbeteiligung gewählt worden. Daran sehen Sie, daß auch das Interesse an der früher mitunter als Highlight gewerteten Kommunalpolitik stark gesunken ist. Was können wir dagegen tun? Lassen Sie uns zum Spaß sagen, daß die Zahl der Vorstandsmitglieder durch die Zahl der Mitglieder begrenzt ist. Dieser äußerste Punkt des Mitgliederrückganges ist zwar bei uns noch nicht erreicht, aber der Satz zeigt jedenfalls, daß bei uns die Parteimitglieder, die darüber entscheiden, wer in die

nächsten Rangstufen aufrückt, nur eine verschwindend kleine
Minderheit der Bürgerschaft sind und daß da eigentlich keine
echte Repräsentanz mehr gegeben ist. Uns fehlt auch die Antwort auf die Frage, wie dem Nichtwählen begegnet werden
soll. Belgien hat z. B. die Wahlpflicht, das wäre eine mögliche
Antwort. Ein hoher Richter hat einmal in einem Vortrag bemerkt, daß es in der Welt drei Demokratiesysteme gebe: das
Westminster-Modell als reines Parlamentsmodell, die Präsi-
dialdemokratie nach US-Muster und das deutsche System als
Richterdemokratie. Die letztere Kennzeichnung unseres Systems ist wohl etwas scherzhaft gemeint, aber sie stellt doch
klar, daß bei uns Richter über die Politik letztlich bestimmen
können. Damit komme ich zu einem Punkt, der auch von einigen Ausführungen auf diesem Symposium schon angesprochen worden ist: Die Abgrenzungen zwischen den Parteien
sind heute häufig deshalb schwieriger geworden, weil erstens
immer Koalitionsregierungen in Bonn bzw. Berlin regiert haben, d. h. der Kompromiß ist dadurch von vornherein in be-
stimmter Weise vorgegeben, und weil zweitens auch die Kompromisse unter der Hegemonie der Spruchpraxis des Bundesverfassungsgerichts stehen. Ich erinnere nur daran, wie
schwierig sich alle Parteien mit dem Antrag auf das Verbot der
NPD getan haben, weil sie nicht genau wußten, ob das Bundesverfassungsgericht ihnen auf diesem Wege folgen wird.

*Dreier:* Ich möchte nur kurz eine Beobachtung mitteilen,
die eine Frage enthält, auf die ich keine Antwort erwarte. Die
Beobachtung ist, daß zwei oder drei Podiumsredner gesagt haben, das Rechts-Links-Schema sei tot, während zwei oder drei
andere Podiumsredner wie selbstverständlich von ihm Ge-
brauch gemacht haben. Die Frage ist: Was gilt denn nun? Ich
erwarte darauf keine Antwort, weil mir bekannt ist, daß es dazu ein umfangreiches Schrifttum gibt, dessen Diskussion ein
Thema für sich wäre. Mein Eindruck ist, daß sich das Schema
bis heute als ungeheuer adaptions- und überlebensfähig erwiesen hat.

*Rudzio:* Zunächst möchte ich auf die soeben gestellte Frage eingehen. Meiner Auffassung nach sollte man zwischen zwei Dimensionen des Links-Rechts-Verständnisses unterscheiden: der sozio-ökonomischen Dimension, auf der Gleichheit / Ungleichheit einander gegenüber stehen (Seymour Martin Lipset), und der sozio-kulturellen Dimension mit dem Gegensatzpaar individuelle Emanzipation / „natürliche Gemeinschaften" (Helga Grebing). So meint man üblicherweise mit „Rechtsextremismus" nicht eine sozio-ökonomisch, sondern eine sozio-kulturell äußerst rechte Position. Oder: Als „rechts" kann die FDP nur in sozio-ökonomischer, nicht aber sozio-kultureller Hinsicht bezeichnet werden. Mit Hilfe dieser beiden Links-Rechts-Dimensionen lassen sich politische Distanzen bzw. Koalitionsmöglichkeiten analysieren und erklären.

Zweiter Punkt: Es wurde mehrfach das Problem der Gegengewichte angesprochen. So hatte Herr Lösche, als er das deutsche politische System mit dem amerikanischen verglich, vor allem *checks and balances* vor Augen. Was deren Verankerung anlangt, ist die Bundesrepublik Deutschland nach dem Zweiten Weltkrieg in der Tat sehr weit gegangen. Das Bundesverfassungsgericht erhielt eine außergewöhnlich starke Position, ebenso der Bundesrat im Vergleich zu anderen zweiten Kammern. Das hat gewiß den Vorteil, daß Machtballungen und einseitige Entscheidungen erschwert werden. Die Folge kann aber auch sein, daß keine klaren, weitreichenden Entscheidungen zustande kommen. Mehr noch: Komplexe Zuständigkeitsverhältnisse, vielfach notwendige Verhandlungen und Kompromisse machen es für den Durchschnittsbürger schwer, eindeutige Verantwortlichkeiten (von Parteien) festzumachen.

Diese Problematik droht sich noch zu verschärfen. Bekanntlich ist Demokratie zunächst als Polis-Demokratie entstanden und schien auf nationale Flächenstaaten lange Zeit nicht übertragbar. Dies gelang erst mit dem Einbau des Repräsentationsprinzips. Ähnlich stehen wir heute vor der Frage,

welche Formen von Demokratie geeignet für multinationale
Großräume sein könnten. Das ist heute das Experiment Europa. Dieser Versuch leidet noch unter unübersichtlichen büro-
kratisch-gouvernmental-parlamentarischen          Entscheidungs-
prozeduren, die dem Wahlbürger wenig beeinflußbar erscheinen. Insoweit mag sehr wohl eine stille Krise der Demokratie
bzw. der Parteien heraufziehen.

*Weisbrod:* Von mir noch kurz eine Bemerkung aus historischer Sicht. Ich fand es sehr überzeugend, wie Herr Hennis
auf die Gefahr der Geschichtslosigkeit hingewiesen hat. Vieles
von dem von einzelnen Vorrednern Bemerkte erinnert an alte
Parteidebatten. Die Weimarer Parteidebatte kreiste auch bereits um das Fehlen der jungen Leute, das Ausdünnen der Milieus gibt es spätestens seit den fünfziger Jahren. Da scheint
wenig Luft drin zu sein, um daraus eine neue Theorie bauen
zu können. Wenn wir von der Kulturgeschichte aus den Begriff der „Repräsentation" überdenken, dann enthüllt er drei
Seiten des politischen Prozesses: Nicht nur die politische Stell-
vertretung, auch die symbolische Darstellung und die imagi-
näre Vorstellung sind dann gemeint. Politik ist ein performati-
ver Prozeß, der die schönen Politikmodelle in der konkreten
Herstellung eines politischen Produktes völlig verändern
kann. Das politische Ergebnis ist mehr als nur die Garantie eines staatsrechtlichen Rahmens oder die Garantie einer bestimmten Parteiform, es transportiert eine Vorstellung des Gemeinwesens, die durch Politik hergestellt wird. Diese dyna-
misch-historische Dimension von Politik geht meiner Ansicht
nach zu leicht verloren, wenn man nur in systematischer Weise diskutiert.

*Jesse:* Ich habe drei Punkte anzumerken. Erstens: Es ist paradox, daß fast alle in dieser Runde offenbar die Begriffe
rechts / links als unbrauchbar ablehnen. Alle Bürger wissen
aber bei einer Meinungsumfrage ganz genau, wo sie sich einzuordnen haben – zwischen –5 (ganz links) und +5 (ganz
rechts). Elisabeth Noelle-Neumann hat festgestellt, daß wir

seit Jahrzehnten eine Linksverschiebung haben und uns die Begriffe links / rechts nach wie vor sehr geläufig sind. Wir kommen ohne sie nicht aus. Zweitens: Ich möchte kurz auf eine deutsche Tradition aufmerksam machen. Reden wir vom Wandel, reden wir immer gleich von Krise und denken an Verfall. Franz Walter hat völlig Recht, wenn er vom Fehlen der Kernbotschaften spricht. Aber das ist doch nicht so schlimm, sondern eher gut. Wer feststellt, daß die Bindungskräfte nachgelassen haben, sieht darin eher ein Zeichen für größere Offenheit als für Erstarrung. Warum muß man „Offenheit" so negativ sehen? Klassenparteien sind Ausdruck einer Klassengesellschaft. Drittens: Ich stimme Ihnen, Herr Hennis, ganz zu, was die Frage des Verfassungsstaates und der repräsentativen Demokratie angeht. Ich erinnere mich genau an das Jahr 1982, als wir erstmals und bisher letztmals ein erfolgreiches konstruktives Mißtrauensvotum hatten. Es waren Sie, Herr Hennis, und einige Staatsrechtler, die damals gesagt haben, daß keine Neuwahl erfolgen dürfe, da wir ein repräsentatives System hätten und man bis zu den regulären Wahlen im Jahre 1984 warten müsse, zumal die Parteien eine stabile Mehrheit besessen hätten. Unterschwellig orientieren wir uns freilich an einem plebiszitären Demokratieverständnis, das die repräsentative Demokratie in mancher Hinsicht unterläuft. So kann diese delegitimiert werden. Die repräsentative Demokratie ist in Deutschland nicht voll heimisch geworden. Noch immer gilt sie als eine Art Notbehelf. Populistische Ressentiments und intellektuelle Vorbehalte bestätigen sich hier.

*Walter:* Zu der Ansicht, daß es die professionellen Medienparteien gäbe, die alles generalstabsmäßig planen, verkneife ich mir nicht die Bemerkung, daß es bei den PR-Zusammenkünften – ich sitze mit drin in solchen Kommissionen, in denen man mit Marketingleuten, PR-Leuten und Journalisten diskutiert – noch stammtischmäßiger zugeht als hier, auf diesem Symposium. Da läuft überhaupt nichts professionell ab. Da erzählt jeder, was er gerade denkt. Mich hat bei diesen Zusammenkünften immer nur gewundert, daß diejenigen, von denen ich glaubte, daß ich sie am wenigsten mag, also die PR-Leute, den Parteien am ehesten wieder beizubringen versucht haben, daß es bestimmte Leitgedanken oder Grundwerte zu geben hat, die man kontinuierlich kommunizieren muß und nicht nur ad hoc oder rhapsodisch. Diese PR-Leute führen dabei immer gern das Milka-Beispiel an: Auch bei Konsumenten – den Adressaten der Werbestrategien – gebe es Grundbedürfnisse oder Grundwerte, die man erkennen und pflegen müsse: Milkaschokolade sei so ein Grundbedürfnis. Milka essen Mutter, Vater, Kind und Opa gerne, alle lieben Milka – über sämtliche Generationen und breite Schichten hinweg. Und Volksparteien müssen eben dieses politische Milka finden, diesen Grundwert, und daran kontinuierlich festhalten.

Schließlich: Jeder Parteimanager weiß inzwischen, daß es vor den Wahlen darauf ankommt, daß die Kerntruppen stehen. Wenn die Kerntruppen zweifeln, kann man noch so viele moderne, hochprofessionell arrangierte Plakate, Medienspots und Soundbites liefern, die Wahl geht dennoch verloren.

Dann: Man kann ja wie Herr Jesse der Ansicht sein, daß man froh sein sollte, daß es nicht mehr die alten Kohäsionen und ideologischen Bindungen gibt. Das ist ja durchaus dominante Meinung unter Politologen. Nehme ich aber die historische Perspektive, dann kommt man zu anderen Urteilen. In der Weimarer Republik gab es bekanntlich zwei Parteien, Zentrum und Sozialdemokraten, die waren ideologisch gebunden und hatten feste, ziemlich abgeschlossene Substrukturen. Doch an *diesen* beiden Parteien ist die Demokratie, ist der Verfassungsstaat nicht gescheitert. Wenn die anderen Parteien auch vergleichbare eigenkulturelle Versäulungen und ideologische Panzerungen gehabt hätten, dann wäre der Nationalsozialismus nicht so weit und erfolgreich expansiv vorgedrungen. Die Liberalen beispielsweise waren ja Parteien ohne Organisationsverfestigungen und z.T. ohne Doktrinen, waren also so, wie der Politologe der modernen parlamentarischen Demokratie und Zivilgesellschaft sich das wünscht und vorstellt. Am Ende aber waren die meisten von den ursprünglichen Anhängern des offenen Liberalismus zur extremen Rechten mit ihren lockenden Heilsversprechen und attraktiven Integrationsangeboten übergelaufen. Die Liberalen hatten eben keinen Halt, keine Kohäsion geboten; ihnen fehlte der weltanschauliche Kitt, der organisatorische Klebstoff, wohl auch eine transzendentale Perspektive jenseits der entmutigenden Realität. Insofern ist für mich die historische Lektion des 20. Jahrhunderts: Bindungen, Botschaften, Organisationsloyalitäten, auch Zukunftsbilder haben ihren Sinn, gerade in Zeiten der Krise, die es ja im 21. Jahrhundert ebenfalls wieder einmal geben mag.

*Stolleis:* Ich mache eine Bemerkung zu Herrn Friedrich. Wir haben beide darüber reflektiert, warum diese enorme Theoriedichte und imponierende Kreativität zwischen Hans Kelsens Buch von 1911 und Hellers Staatslehre (1934) aufgetreten ist und weshalb hierzu, was Staatslehre, aber überhaupt politische Theorie angeht, die Bundesrepublik ohne eine vergleichbare Parallele ist. Dies hängt damit zusammen, daß ab 1900, also schon vor dem Ersten Weltkrieg, die alte Welt zerbrochen ist und eine enorme Ratlosigkeit mit einer nicht weiter erklärlichen Geniehäufung zusammentraf. Es gibt viele Gründe für die Eruption von Begabungen, die plötzlich da sind und dann wieder verschwinden – Gründe, die man weder politisch noch historisch noch auch milieubedingt nennen kann. Das mag auch zu der Eruption nach 1900 beigetragen haben, kann sie aber doch nicht erklären. Um 1900 brach eine alte Welt zusammen, und dies hat jedenfalls zu jener Eruption von Theoriesuche beigetragen. Vielleicht kann man sagen, daß das Land glücklich ist, das keine großen Theorien braucht. Wir sind ein ruhiges, glückliches, friedliches und von außen nicht bedrohtes Land; insofern hat die Theorielosigkeit, die auch ich als Theoretiker beklage und die ganz sicher auch mit dem Bundesverfassungsgericht in Zusammenhang gebracht werden muß, eine kleine positive Seite.

*Jun:* Im wesentlichen will ich noch vier Dinge sagen. Erstens: Es mag ja sein, daß der Kanzler mehr auf das Wort seiner Ehefrau als seines hauptsächlichen professionellen Medienberaters gibt. Aber wenn das so ist, warum geben dann die Parteien unglaublich viel mehr Geld für Marketingagenturen, Werbeagenturen und Meinungsforschung aus als früher. Am Erfolgswert der dabei angewandten Methoden mag man mit Franz Walter zweifeln. Diese Leute machen das aber als Beruf. Sie haben vielleicht ihre Aufgabe verfehlt, aber dennoch ist es ihre Aufgabe. Es gibt für mich also außer jeder Frage eine Art Professionalisierung der Kommunikation. Zweitens: In einem Punkt bin ich falsch verstanden worden; ich wollte nicht sagen, daß nur im Stile der Waschmittelwerbung geworben wird. Vielmehr wollte ich sagen, daß man die Botschaften vermitteln, soll heißen *permanent campaigning* betreiben muß, und daß dahinter durchaus auch bestimmte parteispezifische Werte stehen. Die SPD darf bestimmte Werte nie negieren, dasselbe gilt für die CDU. Beide müssen aber diese Werte bis zur Austauschbarkeit stereotypisieren, um mit ihnen noch operieren zu können, und dies wird immer wichtiger. Drittens: Das Rechts-Links-Schema dient nach wie vor – wie schon von Herrn Dreier hervorgehoben – als eine Art kognitive Landkarte zur Strukturierung des politischen Wettbewerbs. Bei den vielen komplexen, schnell wechselnden Politik-Themen muß es irgendwie eine Orientierung geben; da versuchen die Wahlbürger, sich mit der Rechts-Links-Orientierung eine Aushilfe zu schaffen. Viertens: Warum brauchen wir eigentlich so viele Parteimitglieder, Herr Wolfgramm? Vielleicht wird es bei der FDP langsam etwas eng, aber ich glaube nicht, daß die CDU wirklich ihre vorgeblich 700.000 Mitglieder braucht. Wenn dies wirklich der Fall wäre, müßte man denselben auch sagen können, wozu man sie braucht: Nur als Beitragszahler oder etwa nur, um bei Bezirksversammlungen zur Müllverbrennungsanlage in Herne West etwas zu sagen, dazu braucht man sie doch nicht zwingend notwendig, aber die jeweiligen

Experten. Man muß den Mitgliedern klare Aufgaben zuweisen, was die Parteien aber nicht tun. Von der Massenmitgliedschaft kann man ergo meiner Meinung nach wohl doch Abschied nehmen.

*Hennis:* Herr Starck, Sie haben zur Rechtfertigung der Staatsrechtslehre den Begriff des „Rahmens" ins Spiel gebracht, auf dessen Herausarbeitung sich die Erörterungen der Staatsrechtslehre nolens volens zu beschränken hätten. Aber einen Rahmen macht man doch um des Bildes willen. Der Rahmenmacher wie auch derjenige, der mit dem Rahmen arbeitet, ihn gebraucht, muß doch eine Vorstellung von dem Bild, das der Rahmen hält, haben, d. h. eine Vorstellung von der geopolitischen, kulturpolitischen, historischen Situation usf. In bezug auf die alte Welt, ich rede von der Welt unserer Altvorderen, ist dieses Bild 1918 zerbrochen. Die staatstheoretischen Versuche der zwanziger Jahre haben – abgesehen von den Positivisten – darauf gezielt, die Grundprobleme der politischen Ordnung auf neue anschauliche Begriffe zu bringen. Dies gilt für Carl Schmitt wie für Smend, die Integrationsfaktoren Smends sollen doch aufzeigen, was im „Bild" drin ist, in ihm „lebt". Es kann, wie ich meine, einem Staatsrechtslehrer nicht gleichgültig sein, wie das „Bild" aussehen soll, auch wenn er sich nur vergewissern will, wie der „Rahmen" beschaffen ist. Man muß doch z. B. ein Bild von Deutschland haben, von seinen Verflechtungen in die Welt hinein, von seinen „Vorbelastungen". Diese Bild- und Theoriebeschaffung, die ich für ganz unverzichtbar halte, erwarte ich mir auch nicht – ehrlich gesagt – von der heutigen Politikwissenschaft. Dafür, daß sie schlechterdings notwendig ist, nur ein Beispiel: Als man das Grundgesetz schuf, hätte man doch wohl bedenken müssen, welche guten aber wahrscheinlicherweise auch nachteiligen Folgen ein Bundesverfassungsgericht für die Integration des Volkskörpers haben kann. Vor zwei oder drei Jahren wurde das Thema „Integration durch Verfassung" auf einer Tagung in Dresden abgehandelt. Auf ihr war es für Frau Limbach wie auch für die meisten übrigen Tagungsteilnehmer völlig ausgemacht, daß unser Grundgesetz zur Integration der Bundesbürger, zumal der neu dazugekommenen, ein wunderbares Instrument wäre: Die neuen Bundesbürger hätten sich nichts lieber gewünscht, als endlich unter dieser Verfassung leben zu können, was offensichtlich aber nicht der Fall ist. Ansätze zu einer realistischen, auf unsere Gegenwartslage sich beziehenden Verfassungstheorie gab es vor mehr als drei Jahrzehnten bei Ernst Forsthoff, von dessen Sehweise könnten wir noch immer einiges lernen. Die Ansicht, daß es ein Vorteil sein könnte, daß wir keine Verfassungstheorie haben, habe ich immer abgelehnt. Wie abwegig sie ist, zeigt sich schon am Semantischen: Es wird nicht vom parlamentarischen Regierungssystem des Grundgesetzes gesprochen, sondern von parlamentarischer Demokratie, Parteiendemokratie oder am besten gleich nur von „Demokratie". Als ob uns dieses Wort sagen könnte, wie dies und das sein sollte. Diese Kurzformeln stehen für den Verlust der ganzen Ambiance des konkret Politischen der Bundesrepublik. „Verfassung" ist ein kultureller Begriff, er meint etwas, das nicht in Fächer aufgeteilt, voneinander abgesondert werden kann. Juristen und Politikwissenschaftler schreiben in England und in Amerika und weitgehend auch in Frankreich über Verfassungsfragen als Mitglieder einer großen Wissenschafts- und Autorengemeinschaft, nicht bei uns. Unter den großen Gemeinwesen ist eigentlich nur in unserem die Verfassung und das Verfassungsrecht eine Sache, die allein die Verfassungsrechtler angeht. Damit weise ich auf nichts anderes hin, als daß bei uns das Recht kontinuierlich und zielstrebig aus dem großen Kulturzusammenhang herausgelöst worden ist – eine Entwicklung, die in ihrer Radikalität durchaus erst während der letzten hundert Jahre beobachtet werden kann. Die „Anschauungen", „Theorien", meinetwegen nostalgischen Träumereien meines verehrten Lehrers Rudolf Smend, der in dieser alten Welt groß geworden ist und nicht ohne Grund über das Reichskammergericht sich habilitiert hat, sind weg – alles das ist weg. Wenn ich auch übertreibe: Ich sehe keinen inneren Zusammenhang zwischen der heutigen Staatsrechtslehre und ihrer Analyse der Institutionen einerseits und den kulturellen Kontexten und dem, was die Menschen interessiert und bewegt, andererseits. Das kann auf die Dauer nicht gut gehen.

*Lösche:* Vielen Dank, Herr Hennis. Sie haben Staatsrechtslehre und Politikwissenschaft noch einmal in die engste Beziehung zueinander gesetzt und sind zum Ausgangspunkt des heutigen Nachmittags und Abends zurückgekehrt – zum Vortrag von Herrn Friedrich, der sehr stringent und in sich geschlossen war. Das Podium war bunt – ein bunter Strauß zum Abschied für Sie, Herr Friedrich. Vielen Dank, daß Sie dem Seminar und der Fakultät nicht nur angehört, sondern immer aktiv mitgewirkt haben. Wir verabschieden Sie als Mitglied des Seminars für Politikwissenschaft und heißen Sie als Angehörigen des Seminars für Politikwissenschaft, wie es im NHG heißt, willkommen. Wir hoffen auf eine weitere enge Kooperation in Lehre und in Forschung. Nochmals vielen Dank an Sie, und vielen Dank an alle, die an diesem Symposium mitgewirkt haben.

# Ein Nachtrag zum Symposium

Von *Peter Lösche*

Liest man die Beiträge noch einmal nach, dann handeln fast alle Referenten und Diskutanten vom Niedergang der deutschen Parteien und des Parteiensystems. In der Tat spricht vieles für ein regelrechtes Niedergangssyndrom: Die Zahl der Mitglieder ist bei allen Parteien rückläufig, die Partizipationsbereitschaft sinkt dramatisch. Nur etwa 10% der Mitglieder nehmen aktiv am Parteileben teil – das entspricht dem Anteil der Funktionsträger. Innerhalb der Parteien dominiert der öffentliche Dienst – oder dessen Pensionäre. Überalterung, ja Verkalkung und Vergreisung sind angesagt. Den Parteien mangelt es an Kernbotschaften, Sinnentwürfen, inhaltlichen Debatten und Konflikten. So nimmt es auch nicht Wunder, daß die Parteien sich weder in den Politikinhalten noch gar programmatisch wesentlich voneinander unterscheiden. Entsprechend scheinen die Wähler verunsichert, sie üben Wahlabstinenz, die Stammwählerbasis schmilzt ab, der Anteil der Wechselwähler steigt. Das Ende der Volksparteien, der Mitglieder- und Funktionärsparteien scheint gekommen. Ein ganz neuer Parteitypus entsteht, noch verschieden benannt als die Medien- und Fraktionspartei, die Kartellpartei, die Rahmenpartei, als professionalisierte Dienstleistungspartei. Demgemäß erweist sich der Funktionsverlust der Parteien: Staatlich alimentierte Gebilde, die nicht mehr Interessen und politische Positionen zu aggregieren und zu artikulieren, die nicht mehr als Mittler zwischen Gesellschaft und politisch-administrativem System aufzutreten vermögen.

Irritierend ist dabei nur eins: Seit mehr als 20 Jahren reden wir von der Krise der Parteien – und dennoch sind diese erstaunlich stabil, Kontinuität scheint zu herrschen, auch wenn zwei neue Parteien hinzugekommen sind, die Grünen aufgrund des Wertewandels in der Gesellschaft, die PDS in den neuen Bundesländern nach der Vereinigung. Gerade im internationalen Vergleich fallen bundesrepublikanische Kontinuität und Stabilität ins Auge. So ist die Christdemokratie in Ländern wie Italien und Spanien (fast) ganz verschwunden oder wie in den Niederlanden und Belgien erheblich geschwächt worden. Liberale oder konservative Volksparteien profitierten davon. Rechtspopulistische Parteien haben sich etabliert, ebenso regionalistische Parteien. Aber auch der historische Vergleich, die zeitliche Längsschnittanalyse, zeigt die ungeheure Stabilität und Kontinuität deutscher Parteien und des Parteiensystems nach dem Ende des Nationalsozialismus. Uns allen sind aus der Weimarer Republik der Niedergang der liberalen und konservativen Parteien, der Aufstieg der NSDAP vor Augen. Und die vielbeschworene Parteienvielfalt der Weimarer Republik, einschließlich des Auf- und Abstiegs von Parteien, war bekanntlich ein Produkt des Bismarck-Reiches. Die Parteienzersplitterung gab es nämlich bereits vor 1914, trotz absoluten Mehrheitswahlrechts.

Der Leser hat es längst bemerkt: Ich möchte mit meinem Nachtrag etwas wider den Stachel gängiger Interpretationen in der Parteienforschung löcken (auch durchaus gegen meine eigenen), will versuchen, wider den Strom zu schwimmen und fragen, ob wir nach allem Krisengerede uns nicht staunend die Augen reiben sollten, daß die Parteien immer noch in ihrer historisch überlieferten Form da sind, vielleicht geschwächt, auch gealtert, aber durchaus lebendig.

Ich beschränkte meine Bemerkungen auf das Parteiensystem. Wilhelm Hennis hat zu Recht bemängelt, daß im Symposium zu wenig vom bundesrepublikanischen Regierungssystem und seinen Akteuren die Rede gewesen sei, nicht gesprochen worden sei von den Verfassungsorganen, auch nicht von den Fraktionen und Verbänden. Aber die Breite des Themas hat uns offensichtlich überfordert, und mein Kommentar kann dies nicht wettmachen. Meine Bemerkungen statte ich bewußt nicht mit einem wissenschaftlichen Anmerkungsapparat aus, der Charakter des Symposiums, der offenen Diskussion, des vielleicht auch tastenden Fragens soll erhalten bleiben.

Was also könnte aus meiner Sicht gegen das Niedergangssyndrom eingewandt werden? Ich spitze im folgenden bewußt und einseitig zu, gleichsam eine intellektuelle Lockerungsübung.

1. Wer wollte leugnen, daß die Wahlbeteiligung sinkt, der Anteil der Wechselwähler steigt, der der Stammwähler sich verringert, also Volatilität um sich greift – sicheres Anzeichen für den Niedergang deutscher Parteien? Doch welcher aufmerksame Beobachter amerikanischer Politik – jenes Landes also, von dem die „Amerikanisierung" unserer Wahlkämpfe, auch des Wahlverhaltens, selbst der Parteien angeblich ausgeht – hätte bei den letzten, so heiß umstrittenen Präsidentenwahlen im Jahre 2000 nicht gestutzt, als er erfuhr, daß mehrere Umfrage-Institute den Anteil der bekennenden Wechselwähler, der *independent independents,* mit 7 bis 8% der tatsächlich Wählenden bemaßen? Dies im Lande schwacher Parteien und höchster Wählervolatilität. Entscheidend für das Wahlergebnis, eben das Patt zwischen George W. Bush und Al Gore, so ergab Wahlanalyse auf Wahlanalyse, war die Mobilisierung der Stammwähler durch den Parteien nahestehende Interessengruppen (wie die Gewerkschaften bei den Demokraten oder die *National Rifle Association* bei den Republikanern). Wie sind im Vergleich dazu Daten zu deutschem Wahlverhalten zu interpretieren? So heißt es in einer kürzlich erschienenen Studie der Konrad-Adenauer-Stiftung, daß nur 10% der Wahlberechtigten Stammwähler der CDU, nur noch 8% Stammwähler der SPD, aber mehr als 50% Wechselwähler seien. Eine (Teil-)Lösung des Rätsels findet sich in dem Sachverhalt, daß in der politikwissenschaftlichen Literatur kein Konsens darüber besteht, was eigentlich ein

Wechselwähler ist: Jemand, der einmal in seinem politischen
Leben „abweicht" und bei einer Wahl anders als sonst üblich
wählt? Oder gilt als Wechselwähler nur, wer im Vergleich zur
vorausgegangenen Wahl eine andere Partei wählt? Wie steht
es mit „Wechslern" innerhalb von „Lagern", z. B. bei der
Bundestagswahl 1998 innerhalb von rot-grün oder schwarz-
gelb? Wie wird Wechsel von Nichtwahl zur Wahl (und umge-
kehrt) gerechnet? Wie hält man es mit Wahlen auf verschiedenen Ebenen – Kommune, Land, Bund, Europa? Wie wird
das erfragte aktuelle und vorausgegangene Wahlverhalten an
den tatsächlichen Wahlergebnissen überprüft? Offenkundig
stoßen wir hier auf viele ungeklärte begriffliche und methodi-
sche Schwierigkeiten, die uns bescheidener machen sollten,
wenn wir von der ungeheuren Volatilität des Elektorats
schwadronieren. Noch jeder Wahlkämpfer weiß, und noch an
jedem Wahlabend stellt sich heraus, daß die Stammwähler zu
mobilisieren sind – bevor erst dann die Wechselwähler angeblich den Ausschlag geben.

Auch mit der Wahlabstinenz ist es nicht ganz so einfach: Sie
steigt in Zeiten politischer Normalität, sinkt in Zeiten politischer Krise oder Zuspitzung (wie nach 1928 oder in den Zeiten des Kalten Krieges) – und die Wahlbeteiligung steigt, wenn
politisch polarisiert wird, wenn es darauf ankommt, wählen
zu gehen (wie 1998). Ergo: Vorsicht vor normativen Aufla-
dungen bei der Interpretation sinkender oder steigender Wahlbeteiligung, Behutsamkeit beim Einsortieren elektoraler Volatilität in die Rubrik „Niedergangssyndrom". Schließlich:
„Niedergang" von Parteien hat es schon in den 50er Jahren gegeben, als kleine Gruppierungen – die Deutsche Partei und
der Bund der Heimatvertriebenen und Entrechteten BHE dar-
unter – von der Bildfläche verschwanden und die Liberalen
von einem (fast) gleich starken Konkurrenten der CDU um
bürgerliche Wählerstimmen zu einer Minipartei, zum Züng-
lein an der Waage schrumpften.

2. Wir operieren in Deutschland – aus historischen Gründen – mit einem verkürzten Parteibegriff, der (entwickelt und dargestellt aus der Geschichte der SPD) nur die Parteiorganisation umfaßt, nicht aber die Partei in den Verfassungsorganen, nicht die Fraktionen im Bundestag und in den Landtagen, auch nicht in den kommunalen Vertretungskörperschaften, zudem nicht die Parteien in den Bundes- und Landeskabinetten und in den Kommunalverwaltungen. Würden wir ein breiteres, nämlich das angelsächsische Verständnis von „Partei", also Parteiorganisation und *party in government* bzw. *party in public office* zusammenfassen und anlegen, dann sähe es mit dem angeblichen Niedergang der Parteien längst nicht so dramatisch aus, wie es heute scheinen will. Die Partei in den staatlichen Institutionen, *party in government,* hat nämlich viele Funktionen übernommen, die einst von der Parteiorganisation wahrgenommen oder ihr doch zugeschrieben worden sind. Tatsächlich sind die Fraktionen in den Parlamenten und die Parteien in Kabinetten und Verwaltungen als finanzielle und organisatorische Ressourcen für die Parteien insgesamt (eben im umfassenden Verständnis von Politik) von zentraler Bedeutung. Gemeint sind z. B. die von den Mandatsträgern und Wahlbeamten an die Partei abgeführten Sonderbeiträge. Noch viel bedeutender sind die Fraktions- und Abgeordnetenmitarbeiter, die vor Ort die Wahlkreisbüros unterhalten und häufig mit den örtlichen Parteisekretären nicht nur kooperieren sondern Bürogemeinschaften bilden. Vor allem: Die Abgeordneten aus Bundestag und Landtagen, die Angehörigen der Kommunalvertretung sind heutzutage die eigentlichen „Mediatisierungsarbeiter", diejenigen nämlich, die in ihren Wahlkreisen unermüdlich „Basisarbeit" vollbringen, nicht nur Sprechstunden abhalten, sondern fleißig vom Fest der Freiwilligen Feuerwehr zu Sportsvereinsjubiläen und Straßeneinweihungen eilen. Auf anderer Ebene, auf andere Art und Weise und mit anderen Mitteln kommunizieren Regierungs- und Fraktionsspitzen – nicht zuletzt über die Medien – gezielt

mit (Teilen) der Gesellschaft, zumal mit Interessengruppen,
sie versuchen für ihre Position zu werben, zu überzeugen, sie
sind bemüht, auch zuzuhören – und schaffen so (im günstigen
Fall) Legitimation für das politische System insgesamt.
Schließlich sind die Fraktionen, Kabinette und – im lokalen
Kontext – natürlich auch die Kommunalverwaltungen die Orte, an denen politikinhaltliche Fragen debattiert, entschieden
und in die Öffentlichkeit gebracht werden. Das, was im Wahlkampf als *issue*, als programmatische Position einer Partei in
einem bestimmten Politikbereich Wähler mobilisiert, gewinnt
oder auch abstößt, kommt nicht aus der Parteiorganisation,
sondern aus der *party in government*.

So sind die eigentlichen Machtzentren der Parteien dort zu
finden, wo durch Ämterkumulation bei einzelnen Personen
Funktionen der Parteiorganisation und der Partei in den staatlichen Institutionen, der *party in government*, miteinander
verschränkt werden. In diesem Sinn ist es zutreffend, von einer Machtverschiebung aus der Parteiorganisation in die *party
in public office*, von dem Entstehen von Fraktionsparteien zu
sprechen. Benutzt man analytisch diesen umfassenden Begriff
von Partei, dann sind diese in der politischen Realität keine
Schwebegewächse über der Gesellschaft, sondern durchaus –
auch – vor Ort und regional grasverwurzelte politische Akteure.

3. Dabei spielt die Parteiorganisation politisch, organisatorisch und finanziell nach wie vor eine Rolle, *party organization
does matter*. Niemand kann bezweifeln, daß die Mitgliederzah-
len der Volksparteien, von CDU, CSU und SPD (aber auch die
der „Kleinen“) sinken, daß die Zahl der Parteiaktivisten zurückgeht und daß das traditionelle Delegiertensystem im Zeitalter elektronischer Medien in der direkten Kommunikation
zwischen Parteiführung und Mitgliederbasis bzw. Parteisym-
pathisanten umgangen und damit tendenziell ausgehöhlt wird.
Dennoch: Wenn es um Mobilisierung des gesellschaftlichen
Umfeldes im Wahlkampf oder auch nur zum Zweck von Un-

terschriftenaktionen geht, haben die – relativ gesehen – mitgliederstarken Parteien einen komparativen Vorteil gegenüber den mitgliederschwachen wie FDP und Grüne sowie (in den alten Bundesländern) PDS. Es geht nicht nur um den Stand am Samstag auf dem Wochenmarkt oder in der Fußgängerzone, sondern – viel wichtiger – um die Präsenz am Arbeitsplatz und in der Nachbarschaft, am Stammtisch und bei alltäglichem Klatsch und Tratsch. Und da bieten die Überalterung, die Vergreisung der Parteien sogar eine positive Seite: Rentner und Pensionäre haben Zeit, sie sind häufig noch aus ihrer Jugend und Karrierezeit motiviert, mitzumachen, sie sind – z. B. in der SPD – noch angetrieben von der alten Solidargemeinschaft der 1950er Jahre oder der Aufbruchstimmung der 68er. Kein Wunder, daß die lebendigste Arbeitsgemeinschaft in dieser Partei die der Senioren, die AG 60 Plus ist.

Natürlich lohnt es sich auch finanziell, viele Mitglieder zu haben: Regelmäßig kommen über 50% der Einnahmen der Sozialdemokratie aus Mitgliedsbeiträgen, über 40% der CDU aus ebenfalls dieser Quelle – im krassen Unterschied zur FDP, die es in dieser Kategorie auf knapp über 20% schafft und daher umso mehr auf Spenden angewiesen ist. Schließlich: Die These von der Machtverlagerung aus der Parteiorganisation in die Fraktionspartei mag zutreffend sein, dennoch dominiert zahlenmäßig in den Führungsgremien nicht notwendigerweise die *party in public office*, sondern gerade auf der mittleren Parteiebene verfügen die aus der Organisation kommenden Funktionsträger über eine Mehrheit (dies ist auch im internationalen Vergleich zutreffend). Also nochmals: *Organization does matter*.

4. Was für die Parteiorganisation gilt, hat auch für Programme Gültigkeit: *They do matter*. Programme, vor allem aber Debatten, Diskussionen, Auseinandersetzungen, Konsensfindung um Programme dienen der Integration der Parteien nach innen, sie tragen dazu bei, Mitglieder und Funktionäre zu motivieren, Identität mit „ihrer" Partei zu schaffen und

8 Lösche

dadurch zu ermöglichen, daß Parteien nach außen geschlossen
auftreten. Die Relevanz von Programmen zeigt sich auch in
ihrer Außenwirkung, etwa bei Wahlkämpfen und konkretem
Wahlverhalten. Dabei dürfen unter „Programm" nicht nur
jene hehren, aus der Geschichte bekannten Grundsatzprogramme verstanden werden, die Kernbotschaften und Sinnentwürfe enthielten. Für letzte Sinnfragen sind Parteien heute
im Zeitalter nach dem Ende sozialmoralischer Milieus nicht
mehr zuständig. Vielmehr geht es um Aussagen in bestimmten
Politikfeldern, um *issues* und die daraus sich ergebenden je unterschiedlichen „programmatischen" Profile von Parteien, was
etwa ihr Verständnis von Sozialstaat und dessen Reform angeht. In der Summe politikfeldbezogener Positionen lassen
sich von den Wählern, von den Parteimitgliedern, von den
Funktionären und von der Parteiführung die je unterschiedlichen Konturen ausmachen, die die Parteien voneinander unterscheiden und die zur Legitimation je konkreter Politiken
wiederum beitragen. Die Stichworte können dann etwa „Dritter Weg", „Good Governance" oder „Aufhebung des Reformstaus" lauten. Dabei ist es gleich, ob mit Hilfe einer
Links-Rechts-Skala Differenzen festgestellt werden, oder ob
man sich auf Cleavage-Strukturen oder jene Kriterien bezieht,
die das sozialpsychologische Michigan-Modell des Wahlverhaltens anbietet. Selbst in den Vereinigten Staaten, wo es zwischen den beiden großen Parteien und deren Spitzenkandidaten angeblich sowieso nur einen politikinhaltlichen Einheitsbrei gibt (Stichwort „Amerikanisierung"), haben bei den Präsidentenwahlen im Jahre 2000 die Wähler konzeptionell sehr
genau zwischen Republikanern und Demokraten, zwischen
George W. Bush und Al Gore zu unterscheiden vermocht.
Und die Renaissance amerikanischer Parteien, wie sie sich seit
zwei Jahrzehnten vollzieht, zeigt sich nicht zuletzt darin, daß
nationweit die Republikaner sich programmatisch zu einer
konservativen, die Demokraten zu einer liberalen Partei gemausert haben.

5. Schließlich sei vor der Wirkung direkter Demokratie gewarnt, sie offeriert kein Allheilmittel gegen den Niedergang der Parteien. Vielmehr ist umsichtig, zurückhaltend und gezielt mit einer derart scharfen Medikation umzugehen. In der Tat mögen Urwahl von Landtags- und Bundestagskandidaten, Mitgliederabstimmungen über programmatische Fragen lokal, regional und auch landesweit dazu beitragen, Parteien zu revitalisieren. Es muß sich nicht nur lohnen, Parteimitglied zu sein, vielmehr sollten Mitgliedschaften durch ein breites Partizipationsangebot attraktiv gemacht werden. Das heißt dann aber auch: keine *open primaries,* keine Teilnahme von Nichtmitgliedern an innerparteilicher Willensbildung. Eben diese haben verheerende Folgen für amerikanische Parteien gehabt, sie geschwächt, zerrissen, fragmentiert, in den Niedergang getrieben. Parteiaktivisten wurden nicht nur entmachtet, sondern unter dem Etikett einer Partei sind Kandidaten nominiert worden, die von der Partei selbst überhaupt nicht getragen worden sind. Nur aufgrund dieser Erfahrungen ist zu begreifen, wie die einschlägige Definition von „Partei" in College Text Books lautet: *A party is to elect,* eine Partei ist dazu da, Kandidaten zu nominieren und in Ämter zu wählen – nicht mehr. Kein Wunder, daß amerikanische Parteien heute bemüht sind, offene Vorwahlen abzuschaffen oder deren Wirkung wenigstens abzumildern, auf jeden Fall aber zu verantwortlichen Parteien zurückzukehren, zu Parteien, die für ihre Kandidaten und deren Politik geradestehen.

Bedenken möchte ich insbesondere gegenüber bundesweit geübter innerparteilicher direkter Demokratie anmelden. Etwa bei Urabstimmungen der Mitglieder, wenn sie von der Parteiführung ausgehen können, ergeben sich Manipulationsmöglichkeiten, die beim Parteipräsidium oder Bundesvorstand liegen. Beispiel FDP: Hier ist vom Bundesvorstand die Zustimmung zum Lauschangriff durch Mitgliederabstimmung zur Politik der Partei gemacht worden, nachdem jahrelang der Bundesparteitag – eben das Delegiertensystem – gerade dies

immer wieder aus rechtsstaatlichen und bürgerrechtlichen
Gründen abgelehnt hat. Skeptisch bin ich aber auch gegenüber
der direkten Nominierung des Kanzlerkandidaten oder der direkten Wahl des Parteivorsitzenden durch alle Mitglieder.
Wiederum zeigen amerikanische Erfahrungen, daß unterlege-
ne Kandidaten nicht aufgeben, vielmehr innerparteilich ihre
eigene Wahlkampforganisation aufrechterhalten, sie hegen
und pflegen. Das aber kostet Geld, und entsprechend fließen
Spenden nicht zuletzt von Verbänden. Die Parteien werden also nicht nur personalistisch fragmentiert, sondern es öffnet
sich ein Tor für den Einfluß von Interessengruppen. Mittel direkter Demokratie innerparteilich angewandt können also
Parteiorganisationen zerstören, die Parteien als Träger inhaltli-
cher Botschaften schwächen, kurz: zu ihrem Niedergang wesentlich beitragen.

Meine bewußt zugespitzten Einwände gegen den Mainstream in der Parteienforschung, wie er sich auch im Symposium gezeigt hat, richten sich nicht gegen die Feststellung,
daß die bundesrepublikanischen Parteien im letzten Viertel-
jahrhundert insbesondere in der Wahrnehmung ihrer Funktionen geschwächt worden sind. Ich wende mich nur dagegen,
sogleich von Niedergang, ja hektisch und aufgeregt von Krise
zu sprechen – und dies über zwei Jahrzehnte. „Rahmenpartei", „Fraktionspartei", „Medienpartei", „professionalisierte
Dienstleistungspartei" – sie alle sind eher eine Fortentwick-
lung oder Spezifizierung und Ausfächerung des alten Modells
als etwas fundamental Neues. Es mag sein, daß die Differenzen zwischen den Podiumsteilnehmern und in der Parteienforschung längst nicht so gravierend sind, wie ich es mit meinen Bemerkungen hervorgehoben habe. Ja, wahrscheinlich
sind die Interpretationsunterschiede recht gering, es kommt
nur auf die Perspektive an: Die einen argumentieren, das Glas
sei halb voll, die anderen, es sei halb leer. Konsens besteht
wohl im folgenden: Nach wie vor stellen Parteien Vereinigungen von Bürgern dar, die an der politischen Willensbildung

teilnehmen, wie es im Parteiengesetz heißt. Sie sind gesell-
schaftlich nicht (völlig) abgekoppelt, nicht Schwebegewächse
über der Gesellschaft, sie vermögen nach wie vor zur Legitimation von Politik und des politischen Systems insgesamt bei-
zutragen. Im Kontext unserer Geschichte und im internationalen Vergleich fallen aber Kontinuität und Stabilität unserer
Parteien und unseres Parteiensystems seit Mitte der 1950er
Jahre ins Auge.

Die an diese Feststellung anschließende faszinierende analy-
tische Frage ist die nach den Gründen und Ursachen für eben
diese Kontinuität und Stabilität. Sie wäre systematisch im
Rahmen eines entsprechend konzipierten Forschungsprojekts
zu beantworten. Abschließend seien daher nur wenige Stichworte genannt, die andeuten mögen, warum deutsche Parteien
und unser Parteiensystem so stabil sind: Organisatorisch und
institutionell gibt es keine Alternative zu den Parteien. Inter-
essenaggregation und Konsens(vor)formulierung findet in ihnen statt, sie sind die eigentlich wichtigen Akteure in den Verfassungsorganen. Ganz entscheidend: Sie sind nach wie vor
Adressaten der Interessengruppen und der Bürgerinitiativen,
wenn diese politisch ihre Ziele durchzusetzen versuchen. In
jenen politischen Systemen, in denen wie in den Vereinigten
Staaten die Parteien schwach sind, setzen Verbände und andere Nichtregierungsorganisationen ihre Interessen bekanntlich
direkt in Parlament, Kabinett oder Bürokratien durch, sie haben teilweise jene Funktionen übernommen, die die bundesrepublikanischen Parteien wahrnehmen. Verbände und andere
gesellschaftliche Organisationen wären mithin die Alternativ-
institutionen zu den Parteien. Daß sie es in der Bundesrepublik nicht tatsächlich geworden sind, hat auch damit zu tun,
daß der Antiverbandsaffekt bei uns noch stärker und nachhal-
tiger wirkt als der Antiparteienaffekt. Ein weiterer Grund für
Kontinuität und Stabilität unserer Parteien liegt wohl in der
Stärke, Ausdifferenzierung und vollen Entfaltung des bundesrepublikanischen Wohlfahrtsstaates (bekanntlich bis hin zu

seiner Erstarrung und Unfinanzierbarkeit), durch den wirt-
schaftliche und soziale Einbrüche sowie Zerklüftungen aufge-
fangen und abgemildert worden sind. Dies ist wohl auch der
Grund dafür, daß unsere politische Kultur sich trotz – oder
vielleicht: wegen – aller Wandlungen allmählich und ohne tiefe
Einschnitte aus einer autoritären in eine demokratische zu
transformieren vermochte. Zudem hat die Furcht vor tiefgrei-
fenden radikalen Umbrüchen, die aus der deutschen Geschichte des 19. und der ersten Hälfte des 20. Jahrhunderts mit
seinen Systemwechseln resultiert, zur Kontinuität beigetragen.
Schließlich: Permanentes Lamentieren über Krise und Niedergang wird vielleicht sogar auf vertrackte Weise selbst Indiz
und Ursache für Kontinuität gewesen sein.

# Schriften von Manfred Friedrich

## (Zusammengestellt von Stefan Eggemann)

Öfter vorkommende Abkürzungen:

| | |
|---|---|
| AöR | = Archiv des öffentlichen Rechts |
| ARSP | = Archiv für Rechts- und Sozialphilosophie |
| JöR | = Jahrbuch des öffentlichen Rechts |
| NDB | = Neue Deutsche Biographie |
| NPL | = Neue Politische Literatur |
| ZParl | = Zeitschrift für Parlamentsfragen |

## I. Bücher, Abhandlungen und Vorträge

### (ohne Zeitungsartikel, Ansprachen, Diskussionsbeiträge u. ä.)

1. Philosophie und Ökonomie beim jungen Marx, Berlin 1960, 202 S. (Frankfurter Wirtschafts- und Sozialwissenschaftliche Studien, Heft 8).

2. Opposition ohne Alternative? Zur Lage der parlamentarischen Opposition im Wohlfahrtsstaat, Köln 1962, 110 S. (2. Aufl. 1963). Teilabdruck in: Kurt Kluxen (Hrsg.), Parlamentarismus, Köln 1967, S. 425 – 440, 470 – 471.

3. Zwischen Positivismus und materialem Verfassungsdenken. Albert Hänel und seine Bedeutung für die deutsche Staatsrechtswissenschaft, Berlin 1971, 70 S. (Schriften zur Verfassungsgeschichte, Bd. 14).

4. Zur Kritik und Reform der Ausschußarbeit in den Landesparlamenten der Bundesrepublik, in: ZParl 2 (1971), S. 70 – 98.

5. Probleme der Landesgesetzgebung in der Bundesrepublik, in: ZParl 2 (1971), S. 449 – 462.

6. Empfiehlt es sich, die Systematik der Gesetzgebungszuständigkeiten im Grundgesetz zu ändern?, in: Konkretionen politischer Theorie und Praxis, Festschrift für Carlo Schmid, Stuttgart 1972, S. 152 – 168.

7. Erweiterung der Legitimationsbasis des freien Abgeordnetenmandats? in: ZParl 3 (1972), S. 385 – 388.

8. Erich Kaufmann †, in: PVS 13 (1972), S. 617–618.

9. Die Parteitage des Zentrums in Bayern. Mit einem Anhang: Organisations-statut der Zentrumspartei in Bayern, in: Zeitschrift für bayerische Landes-geschichte 36 (1973), S. 834–876.

10. Parlamentsreform in den Bundesländern – Voraussetzung und Ergänzung einer Verwaltungsreform, in: Hessische Hochschulwochen für staatswis-senschaftliche Fortbildung 76 (1974), S. 131–148 (auch als Sonderdruck Bad Homburg 1974, 20 S.).

11. Parlamentarische Opposition in der Bundesrepublik – Wandel und Kon-stanz, in: H. Oberreuter (Hrsg.), Opposition – Ein internationaler Ver-gleich, Hamburg 1975, S. 230–265.

12. Bundesrat und Landesparlamente, in: ZParl 6 (1975), S. 48–76.

13. Zur Entwicklung und Lage der Parlamentskontrolle in den Bundesländern der Bundesrepublik Deutschland, in: JöR N.F.(1975), S. 61–88.

14. Landesparlamente in der Bundesrepublik, Opladen 1975, 175 S. (Studien-bücher zur Sozialwissenschaft, Bd. 25).

15. Carlo Schmid zum 80. Geburtstag, in AöR 101 (1976), S. 614–615.

16. Der Lehrplan zwischen Verwaltung und organisierter Gesellschaft. Eine Untersuchung über Lehrplanentscheidungen in Bayern vor dem Übergang zum parlamentarisch-demokratischen Staat, in: Die Verwaltung 10 (1977), S. 96–122.

17. Der Methoden- und Richtungsstreit. Zur Grundlagendiskussion der Wei-marer Staatsrechtslehre, in: AöR 102 (1977), S. 161–209.

18. 25 Jahre Kommission für Geschichte des Parlamentarismus und der politi-schen Parteien, in: ZParl 8 (1977), S. 284–287.

19. Der Landtag als Berufsparlament? Ein verfassungspolitisches Gutachten zu der Frage, ob den Landtagsabgeordneten in den Bundesländern Diäten auf der Grundlage einer „Vollzeitbeschäftigung" gewährt werden soll, Wiesba-den Oktober 1977, 78 S. (Schriftenreihe des Karl-Bräuer-Instituts des Bun-des der Steuerzahler, Heft 38).

20. Anlage und Entwicklung des parlamentarischen Regierungssystems in der Bundesrepublik, in: DVBl. 95 (1980), S. 505–511.

21. Das parlamentarische Regierungssystem in den deutschen Bundesländern, in: JöR N.F. 30 (1981), S. 197–221.

22. Laband, Paul, in: NDB 12 (1982), S. 360–363.

23. Verfassung, in: Wolfgang W. Mickel (Hrsg.), Handlexikon zur Politikwissenschaft, München 1983, S. 855–860. Lizenzausgabe für die Bundeszentrale für politische Bildung, Bd. 237, Bonn 1986, S. 542–545.

24. Leist, Justus Christoph, in: NDB 14 (1985), S. 161–162.

25. Die Erarbeitung eines allgemeinen deutschen Staatsrechts seit der Mitte des 18. Jahrhunderts, in JöR N.F.34 (1985), S. 1–33.

26. Paul Laband und die Staatsrechtswissenschaft seiner Zeit, in: AöR 111 (1986), S. 197–218.

27. Rudolf Smend 1882–1975, in: AöR 112 (1987), S. 1–26.
Übersetzung ins Koreanische durch Prof. Hyo-Jeon Kim in: Constitutional Law, Vol No.2 (1999), S. 542–567.

28. Majer, Johann Christian, in: NDB 15 (1987), S. 717–718.

29. Erich Kaufmann, in: Der Staat 26 (1987), S. 231–249.

30. Robert von Mohls Auseinandersetzung mit dem Allgemeinen deutschen Staatsrecht des 19. Jahrhunderts, in: Hans Maier / Ulrich Matz / Kurt Sontheimer / Paul Ludwig Weinacht (Hrsg.), Politik, Philosophie, Praxis. Festschrift für Wilhelm Hennis, Stuttgart 1988, S. 116–127.

31. Entwicklung und gegenwärtige Lage des parlamentarischen Systems in den Ländern, in: Hans-Peter Schneider / Wolfgang Zeh (Hrsg.), Parlamentsrecht und Parlamentspraxis in der Bundesrepublik Deutschland, Berlin 1989, S. 1707–1718.

32. Parlamentarische Opposition in den deutschen Bundesländern, in: Peter Lösche (Hrsg.), Göttinger Sozialwissenschaften heute, Göttingen 1990, S. 132–139.

Dasselbe in: Walter Euchner (Hrsg.), Politische Opposition in Deutschland und im internationalen Vergleich, Göttingen 1993, S. 76–83.

33. Geschichtliche Grundlagen des bundesstaatlichen Aufbaus der Bundesrepublik Deutschland, in: Falk Esche / Jürgen Hartmann (Hrsg.), Handbuch der deutschen Bundesländer, Frankfurt a.M. 1990, S. 23–36 (auch Lizenzausgabe für die Bundeszentrale für politische Bildung, Bonn). Überarbeitete Fassung in der erweiterten und aktualisierten Neuausgabe, Frankfurt a.M. 1994, S. 19–32.

34. Martens, Georg Friedrich, in: NDB 16 (1991), S. 269–271.

35. Martitz, Ferdinand v., in: NDB 16 (1991), S. 433.

36. Maurenbrecher, Romeo, in: NDB 16 (1991), S. 433.

37. Mejer, Otto, in: NDB (1991) S. 737.

38. Erich Kaufmann, in: Helmut Heinrichs / Harald Franzki / Klaus Schmalz / Michael Stolleis (Hrsg.), Deutsche Juristen jüdischer Herkunft, München 1993, S. 693–704.

39. Meyer, Georg, in: NDB 17 (1994), S. 339–340.

40. Geschichte der deutschen Staatsrechtswissenschaft, Berlin 1997, XX, 437 S. (Schriften zur Verfassungsgeschichte, Bd. 50).

41. Sozialwissenschaftliche Parteienanalyse bei Georg Jellinek, in: Tobias Dürr / Franz Walter (Hrsg.), Solidargemeinschaft und fragmentierte Gesellschaft: Parteien, Milieus und Verbände im Vergleich. Festschrift zum 60. Geburtstag von Peter Lösche, Opladen 1999, S. 527–536.

    Dasselbe leicht verändert in: Stanley L. Paulson / Martin Schulte (Hrsg.), Georg Jellinek – Beiträge zu Leben und Werk, Tübingen 2000, S. 173–191.

42. Nachwort zu: Günther Gillessen, Hugo Preuß. Studien zur Ideen- und Verfassungsgeschichte der Weimarer Republik, Berlin 2000, S. 183–188.

43. Piloty, Robert, in: NDB 20 (2001),S. 445–446.

44. Pölitz, Karl Heinrich, in: NDB 20 (2001), S. 502–503.

45. Poezl, Joseph, in: NDB 20 (2001), S. 578.

46. Preuß, Hugo, in: NDB 20 (2001), S. 708–710.

## II. Literaturberichte und Besprechungen (Auswahl)

1. Friedrich Pollock, Automation. Materialien zur Beurteilung der ökonomischen und sozialen Folgen, Frankfurt a.M. 1956, in: Die Neue Gesellschaft 4 (1957), S. 77–78.

2. Herbert Morrison, Regierung und Parlament in England, München 1956, in: Finanzarchiv N.F. 18 (1957 / 58), S. 353–355.

3. Eleonore Sterling, Er ist wie du. Aus der Frühgeschichte des Antisemitismus in Deutschland, München 1956, in: Zeitschrift für die gesamte Staatswissenschaft 115 (1959), S. 381–383.

4. Günter Schmölders, Die Politiker und die Währung, Frankfurt a.M. 1959, in: Finanzarchiv N.F. 20 (1959 / 60), S. 546–549.

5. Eric Voegelin, Die neue Wissenschaft der Politik, München 1959, in: NPL 5 (1960), Sp. 611–619.

6. Winfried Martini, Freiheit auf Abruf, Köln – Berlin 1960, in: NPL 6 (1961), Sp. 327–334.

7. Rüdiger Altmann, Das Erbe Adenauers, Stuttgart-Degerloch 1960, in: NPL 6 (1961) Sp. 334–341.

8. Zur Geschichte des Marxismus, in: NPL 8 (1963), Sp. 361–388.

9. Paul M. Szweezy, Theorie der kapitalistischen Entwicklung, Köln 1959, in: Kölner Zeitschrift für Soziologie und Sozialpsychologie 15 (1963), S. 145–148.

10. Die „Ära" Adenauer, in: NPL 9 (1964), Sp. 305–322.

11. Restitution einer Wissenschaft. Zu einer Studie über die Lage der politischen Wissenschaft, in: NPL 9 (1964), Sp. 541–556.

12. Reinhard J. Lamer, Der englische Parlamentarismus in der deutschen politischen Theorie im Zeitalter Bismarcks, Lübeck 1964 (Historische Studien, Heft 387) – Gerhard A. Ritter, Deutscher und britischer Parlamentarismus, Tübingen 1962 (Recht und Staat in Geschichte und Gegenwart, Heft 242 / 243), in: PVS 7 (1966), S. 315–318.

13. Robert A. Dahl (ed.), Political Opposition in Western Democracies, in: NPL 13 (1968), S. 97–100.

14. Renaissance der politischen Ökonomie? In: NPL 16 (1971), S. 335–374.

15. Die Grundlagendiskussion in der Weimarer Staatsrechtslehre, in: PVS 13 (1972), S. 582–598.

16. Ernst-Gottfried Mahrenholz, Die Kirchen in der Gesellschaft der Bundesrepublik, Hannover 1972, in: NPL 18 (1973), S. 407–409.

17. Peter von Oertzen, Die soziale Funktion des staatsrechtlichen Positivismus, Frankfurt a.M. 1974, in: NPL 21 (1976), S. 238–241.

18. Heinz Laufer / Frank Pilz (Hrsg.), Föderalismus. Studientexte zur bundesstaatlichen Ordnung, München 1973, in: NPL 21 (1976), S. 278–279.

19. Karl Möckl, Die Prinzregentenzeit, München 1972, in: NPL 23 (1978), S. 127–132.

20. Peter Saladin, Bund und Kantone. Autonomie und Zusammenwirken im schweizerischen Bundesstaat. Schweizerischer Juristenverein, Referate und Mitteilungen Heft 4, Basel 1984, in: AöR 111 (1986), S. 323.

21. Klaus Rennert, Die „geisteswissenschaftliche Richtung" in der Staatsrechtslehre der Weimarer Republik, Berlin 1987, in: AöR 114 (1989), S. 338–340.

22. Friedrich Müller, Wer ist das Volk? Die Grundfrage der Demokratie, Berlin 1997, in: ARSP 84 (1998), S. 588.

23. Wilhelm Hennis, Auf dem Weg in den Parteienstaat, Stuttgart 1998, in: ZParl 30 (1999), S. 568–571.

24. Anna Bartels-Ishikawa, Theodor Sternberg – einer der Begründer des Freirechts in Deutschland und Japan, Berlin 1998, in: ARSP 86 (2000), S. 134–135.

25. Peter Blomeyer, Der Notstand in den letzten Jahren von Weimar, Berlin 1998, in: Historische Zeitschrift Sonderheft 19 (2000), S . 68–69.

# Teilnehmer des Symposiums

Andriessens, Pola, Prof. Dr., Senderstraße 8, 37077 Göttingen

Bleichroth, Wolfgang, Prof. Dr. Dr. h.c., Wartburgweg 12, 37085 Göttingen

Dreier, Ralf, Prof. Dr., Georg-August-Universität Göttingen, Juristisches Seminar

Eggemann, Stefan, Georg-August-Universität Göttingen, Seminar für Politikwissenschaft

Euchner, Walter, Prof. Dr., Georg-August-Universität Göttingen, Seminar für Politikwissenschaft

Friedrich, Manfred, Prof. Dr., Georg-August-Universität Göttingen, Seminar für Politikwissenschaft

Friedrich, Margarete, Prof. Dr., Konrad-Adenauer-Straße 16, 37075 Göttingen

Helberg, Klaus, Prof. Dr., Leuschnerweg 8, 37075 Göttingen

Henckel, Wolfram, Prof. Dr. Dr. h.c., Georg-August-Universität Göttingen, Juristisches Seminar

Hennis, Wilhelm, Prof. Dr., Anemonenweg 13, 79104 Freiburg i.Br.

Hillmann, Gert, Dr., Ltd. Ministerialrat im Nds. Ministerium des Innern, Honorarprofessor an der Georg-August-Universität Göttingen, Dammannstraße 10, 30173 Hannover

Jesse, Eckhard, Prof. Dr., Technische Universität Chemnitz, Philosophische Fakultät, Professur für politische Systeme / politische Institutionen

Jun, Uwe, Dr., Universität Potsdam, Wirtschafts- und Sozialwissenschaftliche Fakultät, Professur Regierungssystem der Bundesrepublik Deutschland

Klein, Hans-Hugo, Prof. Dr., Bundesverfassungsrichter i.R., Georg-August-Universität Göttingen, Juristisches Seminar

König, Thomas, Georg-August-Universität Göttingen, Seminar für Politikwissenschaft

Krumbein, Wolfgang, apl. Prof. Dr., Georg-August-Universität Göttingen, Seminar für Politikwissenschaft

Kuper, Ernst, Prof. Dr., Georg-August-Universität Göttingen, Seminar für Politikwissenschaft

Kuss, Horst, Prof. Dr., Georg-August-Universität Göttingen, Institut für Fachdidaktik

Lösche, Peter, Prof. Dr., Georg-August-Universität Göttingen, Seminar für Politikwissenschaft

Marten, Heinz-Georg, apl. Prof. Dr., Georg-August-Universität Göttingen, Seminar für Politikwissenschaft

Michael, Berthold, Prof. Dr., Heinrich-Sohnrey-Straße 59, 37127 Dransfeld

Müller, Christoph, Prof. Dr., Freie Universität Berlin, Fachbereich Rechtswissenschaften

Müller, Reinhard, Dr., Frankfurter Allgemeine Zeitung, Politische Redaktion

Roloff, Ernst-August, Prof. Dr., Georg-August-Universität Göttingen, Seminar für Politikwissenschaft

Rudzio, Wolfgang, Prof. Dr., Kuckucksweg 57, 26131 Oldenburg i.O.

Siedler, Folkert, Georg-August-Universität Göttingen, Seminar für Politikwissenschaft

Simon, Norbert, Prof. Dr. h.c., Verlag Duncker & Humblot, 12113 Berlin

Starck, Christian, Prof. Dr., Richter des Nds. Staatsgerichtshofes, Georg-August-Universität Göttingen, Juristisches Seminar

Stolleis, Michael, Prof. Dr., Max-Planck-Institut für Europäische Rechtsgeschichte, Frankfurt a. M.

Thomas, Konrad, Prof. Dr., Georg-August-Universität Göttingen, Soziologisches Seminar

Walter, Franz, Prof. Dr., Georg-August-Universität Göttingen, Seminar für Politikwissenschaft

Weisbrod, Bernd, Prof. Dr., Georg-August-Universität Göttingen, Seminar für Mittlere und Neuere Geschichte

Wettig, Klaus, Rhonsterrassen 6, 37085 Göttingen

Wolfgramm, Torsten, Parlamentarischer Staatssekretär a.D., Zu den Höfen 1, 37181 Hardegsen

Printed by Libri Plureos GmbH
in Hamburg, Germany